Barbara Frey

7

Unterrichtsmaterialienreihe
›Wissen um globale Verflechtungen‹

Respekt, Ehre, Verdienst? Die Upmanns – Geschichte eines globalen Familienunternehmens

Unterrichtsbausteine
für den Geschichtsunterricht in der
Sekundarstufe I.

Universität Bielefeld

Center for InterAmerican Studies

Bisher in dieser Reihe erschienen

IMPRESSUM

Respekt, Ehre, Verdienst? Die Upmanns –
Geschichte eines globalen Familienunternehmens.
Unterrichtsbausteine für den Geschichtsunterricht
in der Sekundarstufe I.

HerausgeberInnen
Jörg van Norden, Nicole Schwabe

Autorin
Barbara Frey

Gestaltung
Nathow & Geppert
www.ng-gestaltung.de

Druck
2019, kipu Verlag, Bielefeld
Getragen vom Förderverein Interamerikanische
Studien e. V.

ISBN: 978-3-946507-16-1
ISSN: 2366-4916

Reihe
Wissen um globale Verflechtungen

Reihenherausgeber
Center for InterAmerican Studies (CIAS) an der
Universität Bielefeld

Anschrift
Universität Bielefeld
PF 100131
D-33501 Bielefeld

Internetseite
www.uni-bielefeld.de/cias/unterrichtsmaterialien

Kontakt
GlobalesLernen@uni-bielefeld.de

Entstanden im Rahmen des Projekts ›Die Amerikas als Verflechtungsraum‹, finanziert durch das Bundesministerium für Bildung und Forschung

The Americas as Space of Entanglements

GEFÖRDERT VOM
Bundesministerium für Bildung und Forschung

INHALT

Einleitung 4

Material für Lehrende 6
Material für SchülerInnen 11

Einstieg

Die Upmanns – Geschichte eines globalen Familienunternehmens 11

Erarbeitung

1. Die Familie Upmann – Von Bielefeld in die Welt 15

2. Die Upmanns auf Kuba I 19

3. Die Upmanns auf Kuba II 23

4. Die Upmanns im Tabakgeschäft I 27

5. Die Upmanns im Tabakgeschäft II 33

6. Die Upmanns in der Welt 37

7. Das Erbe der Upmanns in Bielefeld 41

Verarbeitung

Interview mit Claudia Rauhut 45

Quellen- und Abbildungsverzeichnis 47

Zusatzmaterial: Kopiervorlagen Bilderreihe 49

EINLEITUNG

Die Unterrichtsmaterialienreihe ›Wissen um globale Verflechtungen‹ des Center for InterAmerican Studies (CIAS) der Universität Bielefeld verfolgt das Ziel, Wissenschaft, Schule und außerschulische politische Bildung in einen Dialog zu bringen. VertreterInnen aus allen drei Bereichen erstellen gemeinsam Unterrichtsmaterialien zu Themen des interkulturellen Globalen Lernens. So entstehen am Puls der Forschung Materialien für den Schulunterricht, die mit Bezug zu den Amerikas (von Kanada und den USA über Mexiko, die Karibik bis zu Mittel- und Südamerika) globale Verflechtungsbeziehungen in den Blick nehmen. Gefördert wird das Projekt im Rahmen des Forschungsprojekts ›Die Amerikas als Verflechtungsraum‹ durch das Bundesministerium für Bildung und Forschung. Die Unterrichtsmaterialien finden Sie auch in *www.uni-bielefeld.de/geschichte/regionalgeschichte/unterrichtsreihen/*, einem Portal für Geschichtsdidaktik der Universität Bielefeld.

Weitere Informationen zum Projekt:
www.uni-bielefeld.de/cias/unterrichtsmaterialien

Beschreibung der Unterrichtsmappe

Am Beispiel der Kaufmannsfamilie Upmann aus Bielefeld thematisiert die Unterrichtsmappe wirtschaftliche Verflechtungen im 19. Jahrhundert und macht die globale Dimension des Handelns lokaler Akteure deutlich. Ziel der Einheit ist eine multiperspektivische Auseinandersetzung mit historischen Quellen zur Geschichte der Familie Upmann, welche zur Bildung eines aktuellen historisch-politischen Urteils über globale Wirtschaftsbeziehungen im 19. Jahrhundert und deren strukturelle Kontinuitäten in der Gegenwart anregen. Einer europäischen Erfolgsgeschichte der Moderne steht die Externalisierung der damit verbundenen Kosten gegenüber. Der transatlantische Sklavenhandel kontrastiert mit der Wohltäterschaft global handelnder wirtschaftlicher Akteure. Wie lässt sich auf Basis dieser ganz unterschiedlichen Geschichten ein differenziertes historisch-politisches Urteil entwickeln?

Eine **Bilderreihe** mit sechs Fotos aus Bielefeld, Bremen, Sansibar und Havanna (Kuba) soll von den SchülerInnen vor der Unterrichtsreihe verschriftlicht werden. Die Fotos zeigen Spuren der Geschichte der Upmanns im öffentlichen Raum heute bzw. erweitern den Blick auf die Voraussetzungen ihres wirtschaftlichen Erfolgs. Wie lesen wir diese Spuren aus heutiger Sicht? Durch die Verschriftlichung der Bilder wird deutlich, mit welchem Wissen und welchen vorläufigen Urteilen die SchülerInnen in die Unterrichtsreihe hineingehen. Die Thematisierung der Bilderreihe in der ersten Doppelstunde der Unterrichtsreihe gibt zusätzlich einen Überblick über die Gruppenarbeitsphase, denn ihre einzelnen Bilder repräsentieren die dort vorgesehenen Stationen. Gleichzeitig wird der Gegenwartsbezug der historischen Ereignisse verdeutlicht. Alternativ können die Bilder und die entsprechenden Materialpakete auch im lehrerInnenzentrierten Unterricht eingesetzt werden und stehen dann jeweils für eine Doppelstunde.

Die Bilderreihe wird in der Einführungsstunde durch eine schriftliche historische Quelle ergänzt. Der Nachruf auf Hermann Dietrich Upmann aus dem Jahr 1894 stellt den Erfolg seines Unternehmens in den Vordergrund. Aus dieser sowie den vorhergehenden Bilderquellen wird die übergreifende **Leitfrage** der Unterrichtseinheit abgeleitet:

Respekt, Ehre, Verdienst?
Die Upmanns –
Geschichte eines globalen
Familienunternehmens

Diese Leitfrage zieht sich als roter Faden durch die gesamte Unterrichtsreihe. Sie soll anhand der bereitgestellten **Materialpakete** aus unterschiedlichen Dimensionen beantwortet werden.

Dazu stehen insgesamt sieben Materialpakete zur Verfügung, die je nach Zeit und Interesse vollständig oder in Auswahl behandelt werden können. Sie sind sowohl für lehrerInnen- als auch für schülerInnenzentrierten Unterricht geeignet. Im lehrerInnenzentrierten Unterricht ist ein Materialpaket je Doppelstunde denkbar. Im schülerInnenzentrierten Unterricht wird das Material in einer arbeitsteiligen Gruppenarbeit eingesetzt, wobei ein Paket für eine Gruppe von drei bis vier SchülerInnen vorgesehen ist.

Die erste Station zum Weg der Upmanns aus Bielefeld in die Welt gibt einen Einblick in die Lebens- und Vorstellungswelt der Bielefelder BürgerInnen Mitte des 19. Jahrhunderts und befasst sich mit den Hintergründen der Auswanderung Hermann Dietrich Upmanns.

An der zweiten und dritten Station zu den Upmanns auf Kuba erhalten die SchülerInnen einen Einblick in die Lebenswelten der kubanischen Gesellschaft Mitte des 19. Jahrhunderts und setzen sich mit den politischen, wirtschaftlichen und sozialen Verhältnissen, die den Aufstieg der Kaufmannsfamilie Upmann ermöglichten, auseinander.

Die folgenden beiden Stationen gehen auf die Hintergründe der Handelsware Tabak wie auch auf die Upmanns im Tabakgeschäft ein.

Die Station **›Die Upmanns in der Welt‹** behandelt die wirtschaftlichen Verflechtungen und das Familiennetzwerk der Upmanns.

In der Station **›Das Erbe der Upmanns in Bielefeld‹** wird die (finanzielle) Rückwirkung des im Ausland erwirtschafteten Geldes in die Region Ostwestfalen-Lippe betrachtet.

Ein Interview mit der Sozialanthropologin Dr. Claudia Rauhut bietet am Ende der Einheit hin eine breitere historisch-politische Kontextualisierung des Themas an und ermöglicht so eine Einordnung des in der Einheit entwickelten historisch-politischen Urteils.

Piktogramme

Die benötigten Medien befinden sich im Zusatzmaterial.

Aufgabenstellung

Informationen für Lehrkräfte

Die zu Beginn der Einheit durchgeführte Übung einer Verschriftlichung der Bilderreihe bietet sich auch als Abschluss an: Der Vergleich der beiden Essays ermöglicht eine Einschätzung des Lernerfolgs der Schülerinnen und Schüler.

Jörg van Norden & Nicole Schwabe

MATERIAL FÜR LEHRENDE

Aufbau der Unterrichtseinheit

	Thema	Medien	Sozialform
Einstieg 90 Min.	Bilderreihe, Erläuterung der Bilder, Zeitlineal.	*M 0.1.–0.2.*	Unterrichtsgespräch
	›Respekt, Ehre, Verdienst?‹	*M 0.3.*	
Erarbeitung	1. Die Familie Upmann – Von Bielefeld in die Welt	*M 1.1.–1.4.*	optional: lehrerInnenzentrierter Unterricht (7 × 90 Min.) oder arbeitsteilige Gruppenarbeit (3 × 90 Min.)
	2. Die Upmanns auf Kuba I	*M 2.1.–2.4.*	
	3. Die Upmanns auf Kuba II	*M 3.1.–3.4.*	
	4. Die Upmanns im Tabakgeschäft I	*M 4.1.–4.5.*	
	5. Die Upmanns im Tabakgeschäft II	*M 5.1.–5.4.*	
	6. Die Upmanns in der Welt	*M 6.1.–6.4.*	
	7. Das Erbe der Upmanns in Bielefeld	*M 7.1.–7.4.*	
Verarbeitung 2 x 45 Min.	Experteninterview	*M 8.*	offenes Unterrichtsgespräch
	Ergebnispräsentation & Bilderreihe	*M 0.1.*	Einzelarbeit, offenes Unterrichtsgespräch

Anknüpfungspunkte im Lehrplan

Geschichtsunterricht 7./ 8. Klasse (Gymnasium & Gesamtschule)

Inhaltsfelder im Lehrplan NRW, URL:
www.schulentwicklung.nrw.de/lehrplaene/

IF: 6 Neue Welten und neue Horizonte
Geistige, kulturelle, gesellschaftliche, wirtschaftliche und politische Prozesse (Auswanderung 19. Jahrhundert)
IF: 8 Imperialismus (Verflechtung wirtschaftlicher Entwicklungen)
Triebkräfte imperialistischer Expansion
IF: 12/13 Was Menschen früher voneinander wussten und heute voneinander wissen
Reisen früher und heute; Selbst- und Fremdbild in historischer Perspektive

Die Autorin:
Dr. Barbara Frey arbeitet als Kulturpädagogin und Historikerin in der Jugend- und Erwachsenenbildung. Veröffentlichungen u.a. zu Regional- und Kolonialgeschichte. Erarbeitung der Unterrichtsmaterialien ›Koloniale Kontinuitäten‹ I + II für das Fach Geschichte, Welthaus Bielefeld, 2014.

Einführung in die Leitfrage ›Respekt, Ehre, Verdienst?‹

Spuren der Geschichte des Familienunternehmens Upmann finden sich nicht nur in Bielefeld, sondern auch an anderen Orten der Welt. Durch die Geschichte der Kaufmannsfamilie wird die Verflochtenheit der Welt im 19. Jahrhundert deutlich. Sie ist eine globale Geschichte und wird erst vollständig, wenn wir sie im Ganzen betrachten. Dazu müssen wir über die ostwestfälischen und deutschen Grenzen hinausblicken. Die in Bielefeld geborenen und aufgewachsenen Brüder Hermann und August Upmann machten den Namen der Familie durch den Aufbau einer Tabakmanufaktur auf Kuba und die Begründung einer Zigarrenmarke, deren Name bis heute Bestand hat, bekannt. Doch wie war es möglich, dass die Brüder quasi aus dem Nichts ein Zigarrengeschäft aufbauten und damit zu großem finanziellen Reichtum kamen, wie es im Nachruf auf Hermann Dietrich Upmann aus dem Jahr 1894 heißt? Was waren die Voraussetzungen dieser Geschichte?

Einige der historischen Spuren, die die SchülerInnen im Laufe der Unterrichtseinheit kennenlernen, haben einen direkten Bezug zu dem Unternehmen, andere zeigen eher den größeren historischen Kontext auf, in den sich die Geschichte des Unternehmens einfügt. In Bielefeld hinterließ Hermann Upmann das Upmannstift für alleinstehende ältere Frauen. Damit sorgte der Kaufmann selbst dafür, dass er nicht in Vergessenheit geriet. Ende des 19. Jahrhunderts wurde in Bielefeld eine Straße nach dem ›Zigarrengroßhändler‹ Upmann benannt, eine Form der öffentlichen Ehrung seitens der Stadt. Kann diese Ehrung aus heutiger Sicht noch als angemessen beurteilt werden? Wie bewerten wir die Verdienste der Upmanns von unserem heutigen Standpunkt aus?

In der folgenden Unterrichtsreihe soll es darum gehen, die Upmanns näher kennen zu lernen. An Materialstationen werden historische Quellen zur Verfügung gestellt, die die unterschiedlichen Facetten der Geschichte der Kaufmannsfamilie beleuchten.

So geht es darum, die Lebens- und Vorstellungswelten der Bielefelder Gesellschaft Mitte des 19. Jahrhunderts sowie die Beweggründe der Brüder Upmann für eine Auswanderung nach Kuba kennen zu lernen. Auf der anderen Seite soll auch ein Blick auf die Lebenswelten der kubanischen Gesellschaft zu dieser Zeit geworfen werden. Da Produktion und Vertrieb von Zigarren zur weltweiten Bekanntheit des Namens Upmann führten, wird auf Auswirkungen des weltweiten Handels mit der Ware Tabak eingegangen und der Fortgang des Unternehmens sowie die Rückwirkungen der Unternehmensgeschichte auf Bielefeld betrachtet.

Ziel dabei ist, die gemeinsame Forschungsfrage von unterschiedlichen Quellen aus in den Blick zu nehmen. Die SchülerInnen sollen ein eigenes historisch-politisches Urteil über die Geschichte der Upmanns fällen: **Verdienen die Upmanns heute unseren Respekt, haben sie sich Ehre erworben, ist das, was sie getan haben, verdienstvoll oder eben nicht?**

W-Fragen zur Quellenanalyse

Wer?	Charakterisiert den/die AutorIn der Quelle!
Woher?	Wo und wann ist die Quelle entstanden? Von welchem geografischen und zeitlichen Standpunkt aus schreibt der/die AutorIn?
Wozu?	Was wollte der/die AutorIn mit dem Text erreichen?
An wen?	An wen richtet sich der Text?
Was?	Welche Informationen lassen sich aus der Quelle zur Beurteilung der Geschichte der Upmanns ziehen?

Beurteilt den in der Quelle präsentierten Standpunkt aus eurer eigenen Perspektive!
›Respekt, Ehre, Verdienst?‹

Erläuterung zur Bilderreihe

Die folgenden Bilder werden den SchülerInnen direkt zu Anfang der Reihe mit der Bitte vorgelegt, einen zusammenhängenden Text zu ihnen zu schreiben. Auf diese Art und Weise wird ihr Vorwissen deutlich und kann in die Unterrichtsgestaltung einbezogen werden. Anschließend werden die einzelnen Bilder im Unterrichtsgespräch erläutert, um einen Überblick über die Reihe zu geben, und an einem Zeitstrahl befestigt, der im Klassenraum aufgehängt wird und über die Reihe hinweg ergänzt wird. Daneben bietet sich auch der Einbezug einer Weltkarte an. Ein Zeitstrahl lässt sich einfach und kostengünstig mit einem rot-weißen Absperrband aus dem Baumarkt herstellen, welches mit Kreppklebeband an einer Wand des Klassenraums befestigt wird. Der Zeitstrahl umfasst das 19. und das 20. Jahrhundert, sodass die Bilder dort an der zeitlich richtigen Stelle untergebracht werden. Im Unterrichtsverlauf werden weitere Bilder oder ›Ereigniskarten‹ angeheftet, sodass der Zeitstrahl zu einer Art Lerntagebuch wird.

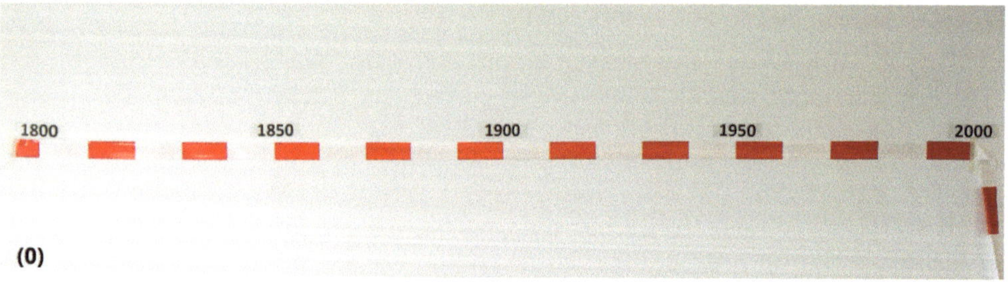

(0)

Jedes Bild steht für einen Themenblock, der in je einer Doppelstunde erarbeitet werden kann. Alternativ ist es möglich, die Themenblöcke in arbeitsteiliger Gruppenarbeit zu behandeln. Die Bilder können nach Abschluss der Reihe mit demselben Impuls ein zweites Mal eingesetzt werden. Der Vergleich des ersten mit dem zweiten Text, den die SchülerInnen zu der Bilderreihe geschrieben haben, zeigt, welche Lernfortschritte im historischen Denken gemacht worden sind: Werden jetzt mehr Gegenwartsbezüge hergestellt als vor der Reihe? Fällt es leichter, eine chronologische Ordnung herzustellen? Wird plausibler begründet? Wird über mehr Sachwissen verfügt? Fällen die SchülerInnen häufiger Werturteile, sind also in der Lage, die Leitfrage plausibel zu beantworten?

Zu M 0.1. und M 0.2.

Die Upmannstraße befindet sich in Bielefeld.

Quelle Straßenschild Upmannstraße Bielefeld Foto: Jörg Schaaber (2018)

Deutsche Emigranten gehen in Hamburg an Bord eines in die USA fahrenden Dampfschiffs (um 1850).

Quelle Am Hamburger Hafen um 1850 https://de.wikipedia.org/wiki/Auswanderung#/media/File:GermanEmigrantsBoardingAShipIn-Hamburg.jpg (Zugriff 2.2.2019)

Im Hauptbahnhof Bremen erzählt ein dreiteiliges Wandmosaik vom Handel mit Tabak.

Quelle Wandbild Hauptbahnhof Bremen Foto: Jörg Schaaber (2018)

Quelle Denkmal am ehemaligen Sklavenmarkt in Stone Town auf Sansibar,
Foto: Barbara Frey (2002)

Das Denkmal am ehemaligen Sklavenmarkt in Stone Town auf Sansibar erinnert an den Handel mit Menschen aus Afrika.

Quelle Markenzeichen H. Upmann, Tabakfabrik ›José Martí‹, Havanna,
Foto: Jörg Schaaber (2017)

In dieser Zigarrenfabrik in Havanna / Kuba werden noch heute Upmann-Zigarren gefertigt.

Quelle
Upmannstift Bielefeld,
Foto: Jörg Schaaber (2018)

Das Upmannstift in Bielefeld wurde 1876 als Wohnheim für ältere alleinstehende Damen eingeweiht. Heute sind in dem Gebäude Eigentumswohnungen.

EINSTIEG: DIE UPMANNS – GESCHICHTE EINES GLOBALEN FAMILIENUNTERNEHMENS

▶ **M 0.1. Bilderreihe**

Bitte schreibt einen zusammenhängenden Text zu der Bilderreihe.

▶ M 0.2. Beschreibungen zur Bilderreihe

Bitte äußert euch zu den Bildern und ordnet die Beschreibungen den Fotos zu. Tauscht euch anschließend darüber aus, was die Bilder miteinander verbindet.

In dieser Zigarrenfabrik in Havanna / Kuba werden noch heute Upmann-Zigarren gefertigt.

Im Hauptbahnhof Bremen erzählt ein dreiteiliges Wandmosaik vom Handel mit Tabak.

Das Upmannstift in Bielefeld wurde 1876 als Wohnheim für ältere alleinstehende Damen eingeweiht. Heute sind in dem Gebäude Eigentumswohnungen.
(Erläuterung Stift: Ein Stift ist eine Einrichtung, die ein Stifter mit seinem Vermögen gegründet hat und die einen bestimmten Zweck verfolgt. In diesem Fall ist damit ein Altersheim gemeint.)

Deutsche Emigranten gehen in Hamburg an Bord eines in die USA fahrenden Dampfschiffs (um 1850).

Das Denkmal am ehemaligen Sklavenmarkt in Stone Town auf Sansibar erinnert an den Handel mit Menschen aus Afrika.

Die Upmannstraße befindet sich in Bielefeld.

Befestigt die Bilder an der richtigen Stelle am Zeitstrahl!

›Respekt, Ehre, Verdienst?‹

Wer?	Charakterisiert den/die AutorIn der Quelle!
Woher?	Wo und wann ist die Quelle entstanden? Von welchem geografischen und zeitlichen Standpunkt aus schreibt der/die AutorIn?
Wozu?	Was wollte der/die AutorIn mit dem Text erreichen?
An wen?	An wen richtet sich der Text?
Was?	Welche Informationen lassen sich aus der Quelle zur Beurteilung der Geschichte der Upmanns ziehen?

Beurteilt den in der Quelle präsentierten Standpunkt aus eurer eigenen Perspektive!
›Respekt, Ehre, Verdienst?‹

▶ M 0.3. Nachruf auf Hermann Dietrich Upmann in einer Bielefelder Zeitung (1894)

Herr Hermann Upmann, der im Jahre 1876 das hiesige Upmannstift für alleinstehende Damen gründete, ist dieser Tage im 81. Lebensjahre in Bremen gestorben. Wie man von dort schreibt, war er ein mehrfacher Millionär, dessen Name weit bekannt; er war auch der Begründer der Firma H. Upmann u. Co. Er schuf vor 50 Jahren in Havannah die Upmann Cigarre. Damals kannte man fast nur spanische und englische Marken, man lächelte über den Deutschen, der so allem Herkommen ins Gesicht schlug. Der Erfolg war aber beispiellos. Als Upmann in Bremen später sich niederließ, unterhielt er von dort aus die Verbindung mit seinem Geschäft in Havannah. Upmann war am 1. Mai 1816 zu Bielefeld geboren. In jungen Jahren kam er nach Havannah und begann, da er keine Stelle finden konnte, ohne Mittel ein Cigarrengeschäft, welches er zur höchsten Blüte brachte.

1

DIE FAMILIE UPMANN – VON BIELEFELD IN DIE WELT

Die Brüder Hermann Dietrich und August Upmann wanderten Mitte des 19. Jahrhunderts von Bielefeld nach Kuba aus.

Wer?	Charakterisiert den/die AutorIn der Quelle!
Woher?	Wo und wann ist die Quelle entstanden? Von welchem geografischen und zeitlichen Standpunkt aus schreibt der/die AutorIn?
Wozu?	Was wollte der/die AutorIn mit dem Text erreichen?
An wen?	An wen richtet sich der Text?
Was?	Welche Informationen lassen sich aus der Quelle zur Beurteilung der Geschichte der Upmanns ziehen?

Beurteilt den in der Quelle präsentierten Standpunkt aus eurer eigenen Perspektive!
›Respekt, Ehre, Verdienst?‹

▶ M 1.1. Martha Modersohn-Kramme (1929) ›Die Familie Upmann aus Bielefeld‹

Es war ums Jahr 1840, als die große Upmannsche Kinderschar beide Eltern durch den Tod verlor. Trauer und Sorge waren in Upmanns Haus am Markt Nr. 66 [heute Alter Markt 13] eingezogen. Der Onkel Birkemeyer, ein Bruder der Mutter und Junggeselle, nahm sich zwar der Kleinen an, aber es gehörte doch viel dazu, die Kinder durchzubringen, denn sein Geschäft – er war Kammacher für Webstühle – brachte nicht viel ein. Daher war er froh, als einer der Neffen so weit war, das Uhrmacher-Gewerbe, das der verstorbene Vater betrieben hatte, wieder aufzunehmen. Aber einen der älteren Söhne mit Namen Hermann hielt es nach den Schuljahren nicht lange mehr im Haus. Er wollte in die Welt und Geld verdienen, um seinen Geschwistern eine Hilfe sein zu können. Mit schwerem Herzen sah er es immer an, daß seine Schwestern in angestrengter Arbeit ihren Lebensunterhalt verdienen mußten. Sie hatten sich unten rechts im Hause einen kleinen Verkaufsladen geschaffen, in dem sie Knöpfe, Nadeln und Garn feilboten. Nebenher hatten sie noch eine Strick- und Nähschule für junge Mädchen eingerichtet, und in ihrer freien Zeit nähten sie mit der Hand in die feinen, leinenen Herreneinsätze, die ihnen die Bielefelder Kaufleute in Auftrag gaben, die Falten. Auch strickten sie aus dünner, weißer Baumwolle Aussteuer-Strümpfe für die wohlhabenden Bielefelder Bräute.

Nach dem im Jahre 1852 erfolgten Tode des Onkels waren die Schwestern, denen das Glück einer Ehe versagt geblieben war, ganz auf sich selbst angewiesen. Hermann war nach Havanna ausgewandert, wohin ihm sein Bruder August bald folgte. Nun war den beiden das Glück zugetan; sie verdienten viel Geld, und so war es ihnen denn möglich, bald das weltbekannte Zigarren-Exportgeschäft Hermann Upmann & Co. Bremen zu gründen. Nun ging es auch den Schwestern besser. Die Brüder richteten ihnen einen Zigarrenladen ein, und statt der Kurzwaren verkauften sie seine Importen an die wohlhabende Bevölkerung von Bielefeld und Umgegend, Strick- und Nähschule wurden aufgegeben.

**Das Haus der Familie Upmann in Bielefeld.
Das Haus an der Ecke Alter Markt / Altstädter Kirchstraße steht nicht mehr, heute ist dort ein modernes Wohnhaus mit einem Ladengeschäft. (7)**

▶ M 1.2. Leopold von Zedlitz-Neukirch (1839) ›Bielefeld‹

Bielefeld, an der Lutter und am Sparrenberge, in einer herrlichen Gegend gelegen, ist mit Mauern, Wällen und Gräben umgeben, jedoch sind die Wälle in Spaziergänge verwandelt worden. Die Stadt hat 1 Vorstadt (Gadderbaum), 4 Thore, 3 evang. und 1 kathol. Kirche, 1 Synagoge, 1 Gymnasium, 1 Waisen- und 1 Krankenhaus, 1 Hebammen-Lehrinstitut, 800 Häuser und 5.800 Einwohner. Sie ist der Sitz des Landraths- und eines Eichungs-Amtes, eines Land- und Stadtgerichts und eines Rentamts. In Hinsicht des merkantilistischen Verkehrs ist sie der Hauptort der Provinz, so wie auch der Stapelplatz der Ravensberger Leinwand. Ebenso ist auch der Handel durch verschiedene bedeutende Häuser und Großhandlungen mit feiner Leinwand und Damast wichtig, auch hat die Stadt Eisen-, Taback-, Wollen- und Lederfabriken, Seifensiedereien, 3 große holländische, 14 gewöhnliche Bleichen usw. Ferner sind noch anzuführen: die Strafanstalt in dem alten Schlosse Sparenberg und eine Leggeanstalt. Sehenswerth sind die Nicolai- oder Altstädter-Kirche, die Gemälde des mit Flügelthüren versehenen Altarblattes. Geburtsort des Artillerie-Generals von Röhl. Gasthöfe: der goldene Löwe, die drei Kronen, der Ravensberger Hof.

▶ M 1.3. Barbara Frey (2018) ›Auswanderung aus Bielefeld‹

Als Hermann Dietrich Upmann 1839 im Alter von 23 Jahren aus Bielefeld auswandern wollte, musste er eine Erlaubnis der preußischen Regierung einholen, um Preußen verlassen zu dürfen. Die Illustration (rechts) zeigt den Kopf des Consens (Einwilligung) ›für den Kaufmann Hermann Diedrich Upmann aus Bielefeld‹ zur Auswanderung nach Amerika aus dem Jahr 1839. Dieses Schriftstück behandelt die Erstattung von Kosten, die während des Verwaltungsaktes entstanden sind.

Im Laufe des 19. Jahrhunderts wanderten viele Menschen aus Bielefeld aus. Eine Auflistung verzeichnet namentlich ca. 1.300 BürgerInnen, die zwischen 1815 und 1900 nach (Nord-) Amerika auswanderten. Die Zahl der tatsächlichen AuswanderInnen dürfte jedoch höher gelegen haben. Viele Akten sind nicht mehr erhalten, auch wanderten viele Menschen ohne Erlaubnis des Staates aus.

Eine Auswanderung war im 19. Jahrhundert nur »mit Vorwissen des Staates erlaubt« (Allgemeines Landrecht für die Preußischen Staaten, 1794). Der Auswanderungswillige musste ein Gesuch an die Landes-Polizeibehörde seines Wohnortes stellen und erhielt, wenn nichts gegen ihn vorlag, die Erlaubnis auszuwandern. Alle AuswanderInnen zwischen 17 und 25 Jahren mussten zudem eine Bescheinigung der Kreisersatzkommission vorlegen, um zu beweisen, dass sie sich nicht der Militärpflicht entziehen. Wissenschaftlern, Künstlern und Handwerkern durfte »die Erlaubnis nicht versagt werden, wenn sie im Ausland ein besseres Fortkommen finden können.« Der Staat kassierte in der Regel 10 % des ›inländischen Vermögens‹ des Auswandernden als ›Abfahrtsgeld‹.

Gründe für eine Auswanderung waren vielfältig: Die meisten hofften, eine bessere Existenz im Auswanderungsland begründen zu können. Viele zogen auch bereits ausgewanderten Angehörigen nach. Ohne Erlaubnis wanderten Menschen aus, die sich der Militärpflicht oder Strafen für ›Verbrechen und Vergehen‹ entziehen wollten sowie Menschen, die Schulden oder ihr Vermögen verloren hatten.

Die meisten Bielefelder Bürger, die zwischen 1838 und 1840 auswanderten, übten handwerkliche Berufe aus (Damastwebergeselle, Schlosser, Tischlergeselle, Schmiedegeselle, Schumacher, Nagelschmied, Maurermeister). Ältere gingen meist mit Frau und Kindern auf die Reise, jüngere Männer, wie Hermann Dietrich Upmann, alleine. Nach Kuba wanderten außer Mitgliedern der Familie Upmann – Hermann Dietrich, sein Bruder August Wilhelm sowie später noch ein Neffe der beiden – keine weiteren namentlich bekannten BielefelderInnen aus.

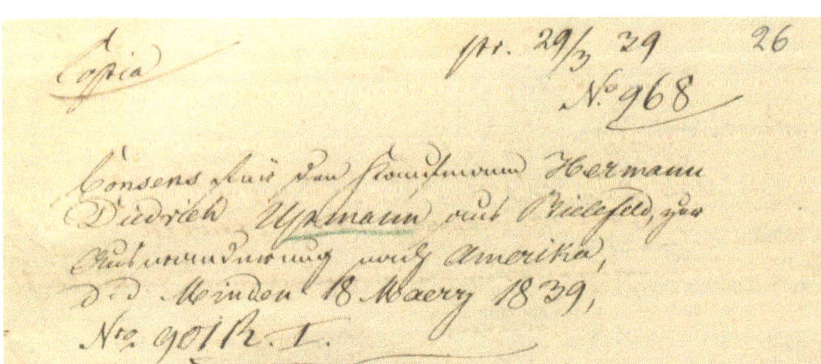
Copia

pr. 29/3 39 26

No 968

Consens für den Kaufmann Hermann Diedrich Upmann aus Bielefeld, zur Auswanderung nach Amerika,
d.d. Minden 18 Maerz 1839,
No 901 R. I.

Genehmigung zur Auswanderung ›für den Kaufmann Hermann Diedrich Upmann aus Bielefeld‹, 1839 (8)

▶ M 1.4. Brockhaus (1838) ›Havana‹

Havana (St.-Christoval de la), die Hauptstadt aller Besitzungen, welche den Spaniern in Amerika übrig geblieben sind, der Sitz des Generalcapitains und der übrigen Oberbehörden, liegt auf der Nordküste der Insel Cuba (s. Antillen) und gewährt, vom Meere aus gesehen, mit ihrem von Dörfern umkränzten und von Schiffen belebten Hafenbecken und den auf steilen Felsen sich erhebenden Befestigungswerken einen herrlichen Anblick. Die Stadt selbst ist sehr schlecht gebaut und unreinlich. Nur wenige öffentliche und Privatgebäude zeichnen sich durch ihre Bauart vortheilhaft aus; das Theater, welches stark besucht wird, ist wenigstens geräumig. In einer der Kirchen sind die Gebeine des Colombo beigesetzt. Die Havana ist wichtig durch ihre Lage, indem sie den mexicanischen Meerbusen beherrscht; wegen ihres Hafens, der für den besten in ganz Amerika gilt und mehr als tausend Schiffe fassen kann; durch starke Festungswerke, deren Aufführung ungeheure Summen kostete, und durch ihren Handel, der einen immer größern Umfang gewinnt, weil die Insel besonders seit den letzten zehn Jahren immer volkreicher und besser angebaut wird. Am bedeutendsten ist die Ausfuhr von Taback und Cigarren. Die H. hat ein Arsenal, bedeutende Schiffswerfte und viele wissenschaftliche Anstalten. Die Anzahl der Einwohner belief sich 1827 auf 112.000 Seelen; sie ist seitdem aber immer im Wachsen gewesen; 22.800 waren Sklaven. Im Durchschnitt laufen jährlich 11–1.200 Schiffe in den Hafen ein; die Ausfuhr beträgt ungefähr 28–30, die Einfuhr 42–44 Mill. Gulden. Das Klima ist besonders für alle neuen Ankömmlinge sehr gefährlich.

DIE UPMANNS AUF KUBA I

Hermann Dietrich Upmann wanderte nach Kuba aus. Ursprünglich soll er vorgehabt haben, nach Nordamerika auszuwandern, er sei aber während der Überfahrt von einem befreundeten Kaufmann aus Bremen überredet worden, in Havanna an Land zu gehen.

Die Reise auf einem Segelschiff war 1839 sehr beschwerlich – sie dauerte nach Kuba rund 50 Tage.

Wer?	Charakterisiert den/die AutorIn der Quelle!
Woher?	Wo und wann ist die Quelle entstanden? Von welchem geographischen und zeitlichen Standpunkt aus wird die Quelle verfasst?
Wozu?	Was wollte der/die AutorIn mit dem Text (bzw. den Bildern) erreichen?
An wen?	An wen richtet sich der Text (bzw. die Bilder)?
Was?	Welche Informationen lassen sich aus der Quelle zur Beurteilung der Geschichte der Upmanns ziehen?

Beurteilt den in der Quelle präsentierten Standpunkt aus eurer eigenen Perspektive!
›Respekt, Ehre, Verdienst?‹

▶ M 2.1. Barbara Frey (2018) ›Die Bevölkerung Kubas um 1840‹

Als Hermann Dietrich Upmann 1839 auf Kuba landete, lebten dort insgesamt etwa 1.007.000 Menschen. Davon waren 418.000 ›Weiße‹ (europäische Einwanderer oder deren Nachfahren), 436.000 SklavInnen und 153.000 freie Farbige (freigelassene oder freigekaufte SklavInnen und deren Nachfahren) (Zahlen von 1841). Die vor der europäischen Kolonisierung auf Kuba lebende indigene Bevölkerung, die Taínos, gab es nicht mehr – die meisten waren an Krankheiten und Sklaverei zugrunde gegangen.

Der Handel und die Einfuhr der SklavInnen waren zwar seit 1807 in England und den USA offiziell verboten, jedoch nicht die Sklaverei als solche. Auf Kuba trafen zur Zeit des Aufenthalts Hermann Dietrich Upmanns weiterhin Schiffe mit ›menschlicher Ware‹ ein. 1841 wurden insgesamt 11.867 SklavInnen auf Kuba ›eingeführt‹. Die Sklaverei wurde auf Kuba erst 1886 per Gesetz abgeschafft.

In vielen Häusern der eingewanderten EuropäerInnen bzw. ihrer Nachfahren verrichteten SklavInnen die Hausarbeit und Tätigkeiten von Angestellten. Auf den großen Zuckerrohr-, Kaffee- und Tabakplantagen lebten viele SklavInnen unter ärmlichsten Bedingungen und mussten schwere körperliche Arbeit verrichten. Sie wurden im schlimmsten Fall wie Tiere gehalten und behandelt.

▶ M 2.2. Frédéric Mialhe (1839), Darstellungen des Lebens auf Kuba

Der französische Maler und Litograph Frédéric Mialhe (1810–1868) lebte von 1838 bis 1854 auf Kuba und dokumentierte das Leben der Menschen auf der Insel.

Frédéric Mialhe, Das Tacon-Theater in Havanna (9)

Frédéric Mialhe, Das Zollgebäude in Havanna (10)

▶ M 2.3. Aus Briefen von Alfred Beneke über das Leben in Havanna (1842/43)

Der Hamburger Kaufmannssohn Alfred Beneke reiste 1842 als knapp 20jähriger mit dem Schiff von Hamburg nach Kuba, um dort im Kontor eines befreundeten Kaufmanns seines Vaters in die Lehre zu gehen. Er berichtete von seiner Ankunft, seinen Eindrücken und seinem Leben in Havanna in Briefen an seine Familie in Hamburg.

Ankunft im Hafen von Havanna

»Um 10 Uhr waren wir dem Fort von Havana gegenüber. Die Stadt liegt an einer schmalen Bucht dahinter. [...] Man sieht von außen nur die Forts und eine Vorstadt; dahinter Höhen mit Palmen und hohen, dunklen Cypressen. So schön dieser Anblick war, so hatte ich doch die schrecklichste Ungeduld, hineinzukommen. Erst um 6 Uhr gelang dieß mit einem plötzlich erwachenden Nordwind. Wir legten nun im Hafen, angesichts der bunten Stadt mit ihren Thürmen, Klöstern, Batterien und Palmen vor Anker.« (Reisetagebuch, September 1842)

Die Wohnsituation

Beneke wohnte im Haus seines Arbeitgebers, des Kaufmanns Balbiani. Das Haus war »eins der höchsten in Havana; man übersieht also von hier aus die ganze Stadt, über sie hinweg; [...] Rings um mich herum die Häuser mit ihren platten Dächern, auf denen Abends Gesellschaften sind, mit ihren kleinen Gärten darauf; [...] Diese bunte Stadt unter mir, überall in der Luft Fledermäuse und kleine Papierdrachen, die frische Seeluft, der kühle Wind, und der tropische Sternenhimmel mit seinem Glanz in seiner ganzen Ausdehnung darüber – In solchen Augenblicken sollte man denken, man wäre in einem paradiesischen Clima.« (Brief, 23.10. [18]42)

Die DienerInnen

»Die Dienerschaft für uns vier Leute besteht aus einem wunderschönen Spanier (dem Portier), einem dicken Neger[1] (dem Koch), dessen Jungen und zwei Sclaven, einem großen und einem Jungen. Sämmtlich scheinen es gute Leute zu sein; ... und da Balbiani uns ganz wie seinesgleichen behandelt, so brauche ich nur zu befehlen.« (Brief, 5.10. [18]42)

Die Freizeit

»Abends nahm er [Balbiani] mich mit auf einen großen öffentlichen Ball. Den Sonntag nahmen wir zusammen ein Bad; später kam Besuch. Abends fuhr Balbiani mit mir Spatziren, und dann in die italienische Oper.« (Brief, 5.10. [18]42)

Die Havaneser Oberschicht

»Ihr könnt Euch ... nicht denken, was man in America und überhaupt außer Europa (denn es soll überall, nicht allein in Havana, so sein), Alles im geistigen Leben entbehren muß; das materielle geht schon. Da ist keine Poesie, keine Kunst, keine Wissenschaft, keine Liebe, kein Vertrauen, kein Freund, keine Erhebung des Geistes, keine Religion, oder wenigstens doch nur verzerrt oder schwache Nachahmungen von dem Allen: Nichts als Gelderdienst und sinnlicher Genuß! (Dieß Bild ist vielleicht etwas zu schwarz, aber doch gewiß im Ganzen richtig gehalten).« (Brief, 16.5. [18]43)

Klima und Krankheiten

Das tropische Klima Kubas war nicht nur für Alfred Beneke ungewohnt. Tropische Hitze setzte dem Kreislauf zu, Hurrikane zerstörten Häuser und Pflanzungen, Krankheiten wie Gelbfieber und Malaria waren lebensbedrohlich. Beneke berichtet: »Im August bis Mitte September war das Fieber hier sehr stark. Von den vier bis sechs junge[n] Deutschen, die hier ihren ersten Sommer mitmachten, sind zwei gestorben. Der erste war ein guter Bekannter von mir; wir waren eines Abends gesund und sehr vergnügt zusammen; Tags's darauf ward er krank; in vier Tagen ohne Hoffnung; und am sechsten Tag bei Tisch kam ein Bekannter, der uns sagte, jener sei am Morgen gestorben und so eben begraben!« (Brief, 5.10. [18]43)

1 Das *N-Wort*
Das Wort ›Neger‹ kommt aus dem Lateinischen ›niger‹ und bedeutet schwarz. Seit der Zeit des Sklavenhandels und des Kolonialismus wurden Menschen mit dunkler Hautfarbe so bezeichnet. Der Begriff gilt heute als rassistisch, da er Menschen auf ihre Hautfarbe reduziert, abwertet und demütigt. Der Gebrauch des Begriffs heute ist eine klare rechte und rassistische Positionierung.

Zitate im historischen Kontext geben auch die Geisteshaltung der Menschen der Zeit wieder. Das N-Wort zu ersetzen würde bedeuten, das Zitat zu verfälschen. Deshalb wird das Wort in diesem Fall und an anderen Stellen im Unterrichtsmaterial beibehalten. Es wird jedoch ausschließlich im Zitat verwendet.

Siehe hierzu auch: BpB/ Grada Kilomba (2009) *Das N-Wort*: *www.bpb.de/gesellschaft/migration/afrikanische-diaspora/59448/das-n-wort?p=all* (2.2.2019)

▶ M 2.4. Barbara Frey (2018) ›Deutsche auf Kuba‹

Nicht nur in Bielefeld, auch in Havanna gibt es heute eine H. Upmann-Straße, benannt nach dem Begründer der gleichnamigen Zigarrenmarke.

In den 1790er Jahren hatten sich die ersten deutschen Kaufleute auf Kuba niedergelassen. Bis 1819 war die Gemeinde so stark angewachsen, dass sie eine ›Unterstützungs-Gesellschaft für hülfbedürftige Landsleute‹ gründete, die später in ›Deutscher Verein‹ umbenannt wurde. 1833 lebten vierzig Deutsche auf Kuba, in den Jahren von 1843 bis 1852 sollen laut Dokumenten des Konsulats insgesamt 230 Deutsche auf Kuba gelebt haben. Die meisten (131) waren Kaufleute, 13 Deutsche arbeiteten als Hutmacher, zwölf als Musiker, neun als Maschinenbauer und acht als Kellner. Ferner gab es fünf Tischler, sechs Maler, fünf Uhrmacher, vier Pianofabrikanten, drei Schneider, zwei Ärzte, ein Maurer und eine Prostituierte. Vor allem in den 1830er Jahren waren viele Kaufleute aus Hamburg und Bremen nach Kuba gekommen, um dort Handelsniederlassungen einzurichten. Viele dieser Niederlassungen waren Kommissionshäuser, die für Auftraggeber in Europa oder Nordamerika arbeiteten. Angesichts des ungesunden Klimas blieben jedoch nur die wenigsten deutschen Kaufleute dauerhaft auf der Insel. Die überwiegende Mehrheit arbeitete dort für einige Jahre oder Jahrzehnte und kehrte dann in die Heimat zurück.

Der Hamburger Alfred Beneke beschreibt in seinen Briefen, dass die Deutschen »in einzelne Cliquen geteilt« waren. Die oberste Schicht stellten die Inhaber der deutschen Handelshäuser dar. »Die Mehrzahl«, so bemerkte er, »besteht aus feinen und ordentlichen Leuten«, doch setzten sie sich zum Teil auch aus »ziemlich obscure[n], ungebildete[n] Leuten[n] zusammen«.

Die meisten der Deutschen auf Kuba waren Protestanten. Dort war jedoch der Katholizismus Staatsreligion und protestantische Kirchen verboten. Protestantische Feiertage konnten nur geheim begangen werden.

(11)

(12)

DIE UPMANNS AUF KUBA II

Auf Kuba mussten um 1840 noch sehr viele Menschen als SklavInnen unter menschenunwürdigsten Bedingungen leben und arbeiten. Die meisten waren aus Westafrika in die Karibik verschleppt worden. Aber auch im Osten Afrikas (wie z. B. auf Sansibar (siehe Foto)) wurde mit Menschen für den Arbeitsmarkt in Amerika gehandelt.

Wer?	Charakterisiert den/die AutorIn der Quelle!
Woher?	Wo und wann ist die Quelle entstanden? Von welchem geografischen und zeitlichen Standpunkt aus schreibt der/die AutorIn?
Wozu?	Was wollte der/die AutorIn mit dem Text erreichen?
An wen?	An wen richtet sich der Text?
Was?	Welche Informationen lassen sich aus der Quelle zur Beurteilung der Geschichte der Upmanns ziehen?

Beurteilt den in der Quelle präsentierten Standpunkt aus eurer eigenen Perspektive!
›Respekt, Ehre, Verdienst?‹

▶ M 3.1. Barbara Frey (2018) ›Bevölkerung Kubas um 1840‹

Als Hermann Dietrich Upmann 1839 auf Kuba landete, lebten dort insgesamt etwa 1.007.000 Menschen. Davon waren 418.000 ›Weiße‹ (europäische Einwanderer oder deren Nachfahren), 436.000 SklavInnen und 153.000 freie Farbige (freigelassene oder freigekaufte SklavInnen und deren Nachfahren) (Zahlen von 1841). Die vor der europäischen Kolonisierung auf Kuba lebende indigene Bevölkerung, die Taínos, gab es nicht mehr – die meisten waren an Krankheiten und Sklaverei zugrunde gegangen.

Der Handel und die Einfuhr der SklavInnen waren zwar seit 1807 in England und den USA offiziell verboten, jedoch nicht die Sklaverei als solche. Auf Kuba trafen zur Zeit des Aufenthalts Hermann Dietrich Upmanns weiterhin Schiffe mit ›menschlicher Ware‹ ein. 1841 wurden insgesamt 11.867 SklavInnen auf Kuba ›eingeführt‹. Die Sklaverei wurde auf Kuba erst 1886 per Gesetz abgeschafft.

In vielen Häusern der eingewanderten EuropäerInnen bzw. ihrer Nachfahren verrichteten SklavInnen die Hausarbeit und Tätigkeiten von Angestellten. Auf den großen Zuckerrohr-, Kaffee- und Tabakplantagen lebten viele SklavInnen unter ärmlichsten Bedingungen und mussten schwere körperliche Arbeit verrichten. Sie wurden im schlimmsten Fall wie Tiere gehalten und behandelt.

▶ M 3.2. Bielefeld postkolonial (2007) ›Geschichte der Sklaverei und des Sklavenhandels‹

Bereits in der Antike war Sklaverei gebräuchlich. Der ›Sklave‹ war keine Person im juristischen Sinne, sondern eine Sache. Schuldner und Kriegsgefangene konnten zu SklavInnen gemacht werden, wenn sie sich nicht freikaufen konnten. Das europäische Kolonialsystem führte infolge der Kolonisierung Amerikas das ausgedehnteste Sklavenwesen der Neuzeit ein. Da die indigene Bevölkerung sich nicht als belastbar genug erwiesen und die Indianersklaverei 1512 verboten worden war, wurden afrikanische SklavInnen importiert. Zwischen 1520 und 1850 wurden acht bis zehn Millionen afrikanische SklavInnen nach Amerika gebracht, seinerzeit ein Vielfaches der europäischen Einwanderer. Die Anzahl der gefangenen SklavInnen war aber wesentlich höher: Viele starben während des Transports. Die SklavInnen waren nicht nur billige Arbeitskräfte, sie waren auch Teil eines Dreieckhandels: Europäische Waren wie Textilien, Tabak, Eisen- und Messingwaren, Waffen und Alkohol wurden an der westafrikanischen Küste gegen SklavInnen eingetauscht, die nach Amerika gebracht wurden. Auf dem Rückweg nach Europa führten die Schiffe dann die Erzeugnisse der Pflanzungen mit.

Abschaffung der Sklaverei

Bereits im 18. Jahrhundert wurde aus pietistischen Kreisen heftige Kritik an der Sklaverei laut. Von Nordamerika ausgehend, erreichte die Antisklavereibewegung England und den Kontinent. Neben den Kirchen wandten sich auch bürgerliche Kreise in Europa gegen die Sklaverei. Dies führte schließlich zu einer Beendigung des Sklavenhandels. Während in Preußen schon seit 1713 die Sklaverei untersagt war, erließ Großbritannien 1807 aus wirtschaftlichen und religiösen Gründen ein Verbot des Sklavenhandels im eigenen Land. Auf Anregung Großbritanniens, das Konkurrenznachteile fürchtete, verpflichteten sich 1815 auf dem Wiener Kongress mehrere europäische Mächte, den Sklavenhandel zu bekämpfen. Im britischen Kolonialreich wurde die Sklaverei jedoch erst 1833 aufgehoben. Andere Kolonialmächte folgten. In den USA verkündete Abraham Lincoln 1863 das Ende der Sklaverei. Brasilien schaffte [zwei Jahre nach Kuba] als letztes amerikanisches Land 1888 die Sklaverei ab.

▶ M 3.3. Aus Briefen von Alfred Beneke über die Lebensumstände der versklavten Bevölkerung Kubas (1842/1843)

»Das Verhältniß der Schwarzen zu den Weißen fällt natürlich dem Fremden zuerst in die Augen. Es ließe sich unendlich viel hierüber sagen; was ich aus eigener Anschauung gelernt habe, ist kurz Folgendes: Die Neger auf dem Lande stehen auf einer ungemein tiefen Stufe der Cultur, und dem Thiere wirklich sehr nahe. Daher sind sie erstens ungefährlicher, leichter zu regieren, und im Fall einer Revolution, nur im ersten Moment verderblich; und zweitens glücklicher, als man glaubt, da sie Freiheit, Lebensgenüsse usw. gar nicht kennen, für Nahrung, Kleidung und Wohnung nicht zu sorgen haben, und kein anderes Leiden fürchten, als die Arbeit. Da diese aber im größten Theil des Jahres eine mäßige ist, so kann man wirklich den Zustand der Neger im Allgemeinen einen nicht unglücklichen nennen; glücklich will ich nicht sagen, da Menschen, auf so tiefer Bildungsstufe stehend, wohl nie glücklich genannt werden können. [...]

Im Allgemeinen werden sie, für ihren Zustand, gut behandelt, gekleidet, beköstigt und logirt, und sind daher zufrieden und froh. Ja, ich gestehe, daß ich viel mehr Fröhlichkeit unter den Negersclaven als je unter unsern Landsleuten gefunden habe.« (Brief, 18.12. [18]43)

Bencke schreibt, dass man sich in Hamburg unter Sklaven »etwas ganz Falsches« vorstelle und dass Sklaven in Havanna ebenso gut, ja, oft noch besser behandelt werden würden als in Hamburg die Dienstboten. (Brief, 23.10. [18]42)

»Man hält sie [in Hamburg] für eine arme, elende Menschenclasse, die schwere Arbeit, grausame Behandlung, Elend und Jammer dulden müssen, und in dem schrecklichen Gefühl ihrer Knechtschaft in Feindschaft und Grimm gegen ihre Unterdrücker ihr Leben verkummern und sehnsüchtig nach Freiheit schmachten. So ist es aber durchaus nicht. Wenn ich auch zugebe, daß die Sclaven auf den Plantagen oft schwere Arbeit haben, so ist sie doch nicht schwerer, als tausende von Tagelöhnern usw. bei uns sie thun. Die in der Stadt dagegen arbeiten lange nicht so viel. Dabei liegt es im Interesse der Herren, sie möglichst gut zu halten, für Reinlichkeit und hinreichende Nahrung zu sorgen.« (Brief, 9.12. [18]42)

▶ M 3.4. Tagebucheintrag von Alexander von Humboldt zur Sklaverei auf Kuba (1804)

Der Naturforscher Alexander von Humboldt schrieb während seines Aufenthalts auf Kuba im Jahr 1804 folgende Zeilen über die Behandlung von SklavInnen:

»Der Weisheit und Milde dieser spanischen Gesetzgebung ungeachtet bleibt der Sklave in der Einsamkeit einer Pflanzung oder eines Pachthofes den größten Mißhandlungen preisgegeben, wenn auf demselben ein roher capataz [Aufseher und Antreiber der Sklaven bei der Feldarbeit (selbst Sklaven)], mit einem Buschmesser (machete) und einer Geißel, unbeschränkte Gewalt und Herrschaft übt! Gesetzlich ist weder eine Grenze für die Bestrafung des Sklaven noch die Dauer seiner Arbeitszeit bestimmt; ebenso wenig finden sich die Beschaffenheit und Menge der ihm zu gewährenden Nahrungsmittel vorgeschrieben«.

DIE UPMANNS IM TABAKGESCHÄFT I

Der Handel mit Tabak und Tabakwaren war ein lukratives Geschäft, insbesondere Zigarren aus Havanna wurden teuer gehandelt. Hermann Dietrich Upmann übernahm auf Kuba eine Zigarrenmanufaktur.

Bremen kam im Tabakhandel Mitte des 19. Jahrhunderts als Überseehafen eine bedeutende Rolle zu. Hermann Dietrich Upmann ließ sich später in der Hafenstadt nieder.

Wer?	Charakterisiert den/die AutorIn der Quelle!
Woher?	Wo und wann ist die Quelle entstanden? Von welchem geographischen und zeitlichen Standpunkt aus wird die Quelle verfasst?
Wozu?	Was wollte der/die AutorIn mit dem Text (bzw. den Bildern) erreichen?
An wen?	An wen richtet sich der Text (bzw. die Bilder)?
Was?	Welche Informationen lassen sich aus der Quelle zur Beurteilung der Geschichte der Upmanns ziehen?

Beurteilt den in der Quelle präsentierten Standpunkt aus eurer eigenen Perspektive!
›Respekt, Ehre, Verdienst?‹

Linkes Mosaik: Tabakernte in Indonesien und Griechenland (13)

Mitte: Hafen Bremen in den 1950er Jahren. Im Hintergrund Bremer Gebäude (Rathaus, Dom) und die Bremer Stadtmusikanten (14)

▶ M 4.1. Das Mosaik in der Bahnhofshalle der Tabakstadt Bremen

In der Bremer Bahnhofshalle wurde 1957 ein großes Mosaik eingeweiht. Es verdeutlicht, wie bedeutend der Tabakhandel lange Zeit für Bremen war. Das Mosaik, das ein Bremer Tabakwarenhersteller in Auftrag gegeben hatte, war etliche Jahre hinter Werbetafeln verborgen. Seit 2001 ist es wieder sichtbar.

▶ M 4.2. Mythos Zigarre

Das Zigarre-Rauchen breitete sich im 19. Jahrhundert in Europa, vor allem unter Männern elitärer gesellschaftlicher Kreise, aus. Viele Staats- und andere in der Öffentlichkeit stehende Männer ließen und lassen sich bis heute mit Zigarre fotografieren. Im Eingangsbereich des Lübecker Rathauses hängt noch ein Zigarrenhalter.

(16)

Rechtes Mosaik: Tabakanbau und -ernte in der Karibik und in Südamerika (15)

Rechercheaufgabe

Sucht im Internet nach Fotos / Abbildungen von folgenden Persönlichkeiten, auf denen sie sich mit Zigarre präsentieren. Betrachtet die Fotos danach gemeinsam. Diskutiert, wie die Darstellungen auf euch wirken. Was soll eurer Meinung nach über die Inszenierung mit Zigarre vermittelt werden?

Gerhard Schroeder
Winston Churchill
John F. Kennedy
Fidel Castro
Thomas Mann
Mark Twain
Siegmund Freud
Che Guevara

▶ M 4.3. Margrit Schulte Beerbühl, Barbara Frey (2015) ›Die Mode des Zigarrenrauchens‹

Die europäischen Männer im 19. Jahrhundert rauchten die Zigarren nicht einfach als Genussmittel, sondern zelebrierten darüber hinaus regelrecht den Konsum: Schon vor dem eigentlichen Rauchgenuss wurde die Vorbereitung des Anzündens zu einem Initiationsritual, das mit exquisiten Accessoires inszeniert wurde. Das Rauchen einer Zigarre wurde dadurch zu einer elitären Mode und ging mit einem ausgeprägten Marken- und Qualitätsbewusstsein einher.

Wichtig war die Herkunft des Tabaks. Neben der Qualität spielten auch Form, Farbe und Güte des Produkts sowie die Fabrik- bzw. Fabrikantennamen eine zentrale Rolle, denn die Zigarrenhersteller hatten schon früh damit begonnen, eigene Markennamen zu schaffen. Zu den berühmtesten und teuersten Havanna-Zigarren gehörten die der Firma Cabannas, die Mitte des 19. Jahrhunderts angeblich auf Jahre im Voraus und stets zu höchsten Preisen verkauft wurden. Zu den besten Herstellern neben Cabannas zählten die Häuser Cabargas, Ugues und Upmann.

Als ›Habanos‹ oder ›Havanna-Zigarren‹ werden ausschließlich auf Kuba gefertigte, qualitativ hochwertige Zigarren bezeichnet. Die meisten Habano-Marken werden von Hand gefertigt und dürfen nur Tabake aus bestimmten Regionen enthalten. Jede Habano unterliegt strengen Qualitätsnormen.

Das Markenzeichen der H.Upmann in einer der ehemaligen Upmann-Zigarrenmanufakturen in Havanna. Hier wurden von 1944–2003 Upmann-Zigarren gefertigt. Heute steht das Gebäude leer. (17)

Zeitgenossen verglichen Havanna-Zigarren[1] nicht nur mit den führenden französischen Champagnersorten, sie mythologisierten ihre Herstellung geradezu. Ein anonymer Autor beschwor in einer Veröffentlichung über »Luxus und der Schönheit des modernen Lebens« die »frieden bringende Gewalt« der Zigarren. Sie seien »das Resultat eines großartigen Verkehrs der Völker unter einander, eine Macht, die sich alles Lebende, die Könige, Banquiers, Fabrikanten und Journalisten unterwirft, und welche sich dem Denker darstellt als der Anfang einer neuen Aera in der Geschichte der Menschheit«. Die Herstellung habe »wie die Bereitung des Weins, etwas Unerklärliches wobei die Göttin Natur selbständig als Bildnerin auftritt, und mitten unter den menschlichen Handarbeitern geheimnisvoll Operationen vornimmt.« In ähnlicher Weise äußerte sich die Londoner Daily News 1871 über die Upmann Zigarren. Der Zigarrenliebhaber Großbritanniens wisse zwar, dass die Zigarren an einem weit entfernten Ort in der Welt hergestellt würden, aber es seien »›unsichtbare Geister‹ die ihm eines der wichtigsten Elixiere seines Lebens bereiteten.« Es gäbe »wahrscheinlich keinen Engländer, der nicht glaube, dass Upmann im Besitz eines der Welt unbekannten Geheimnisses« sei. Die Upmann-Zigarre gehöre zu Recht dem esoterischen Zigarrenraucher, deshalb sei sie auch zum Liebling der Russischen Aristokratie aufgestiegen. Die Extravaganz St. Petersburgs würde notorisch immer die besten Zigarren, die besten Champagners und besten Tees an sich ziehen.

▶ M 4.4. Jegor von Sivers (1851) ›Über das Zigarrenrauchen auf Kuba‹

Werbung mit Zigarre rauchenden Frauen, Kuba, 1868. (18)

Auf Kuba rauchte im 19. Jahrhundert fast jeder Einwohner und, wie ein Besucher entsetzt berichtet: sogar Frauen. Der baltische Reisende Jegor von Sivers schreibt dazu 1851:

»Was einem Spaziergänger durch die Straßen der Habana am meisten auffällt, ist die zahllose Menge Fabriken und Läden für Zigarren. Wie lebhaft die Verfertigung dieses Handels-Gegenstandes hier betrieben werden mag, läßt sich annäherungsweise daraus abnehmen, daß neben der bedeutenden Ausfuhr, mäßig berechnet, im Jahre 1825 …, durchschnittlich fünf, sage fünf Millionen Cigarren auf Cuba täglich verraucht werden. Dieses giebt 2.000 Stück auf jeden Einwohner, im Jahre eine bescheidene Annahme … das Rauchen ist …, durch alle Stände, Farben, Geschlechter und Altersstufen, durch alle Tages- und Nachtzeiten so verbreitet … Es giebt Leute, welche täglich vierzig Tabacos rauchen …«.

▶ M 4.5. Bielefeld postkolonial (2007) ›Geschichte des Tabaks‹

Die Geschichte des europäischen Tabakkonsums begann mit der Entdeckung Amerikas. Die Indianer verwendeten Tabak zu zeremoniellen Zwecken. Als der Tabak Einzug in die alte Welt hielt, wurde er rasch zu einem teuren und bedeutenden Handelsgut; dazu trug auch seine vermutete medizinische Wirkung bei. Im Dreißigjährigen Krieg verbreiteten schwedische Soldaten die Sitte des Rauchens über ganz Europa. Obwohl Tabakanbau und -konsum schon im 17. Jahrhundert als ›des Teufels‹ angesehen und vielerorts verboten wurde, verhalf die große Nachfrage dem Handel mit Tabak immer wieder zu Aufschwung und Gewinn.

Der Handel mit Tabak

Tabak war ein teures Gut: Um die Wende vom 16. zum 17. Jahrhundert war er den zehnfachen Preis von Pfeffer wert. Ende des 16. Jahrhunderts versuchte England als erstes Land ein Tabakverbot durchzusetzen, indem der Einfuhrzoll um 4.000 % erhöht wurde. Als jedoch die Zahl der legalen Importe sank und mit ihnen die königlichen Einnahmen und stattdessen der Schmuggel zunahm, wurden 1608 die Zölle wieder gesenkt und die Steuer auf den Tabak zu einer bedeutsamen königlichen Einnahmequelle. In Deutschland gab es um die Mitte des 17. Jahrhunderts in vielen Kleinfürstentümern Verbote, Tabak zu verkaufen. Erlaubt war nur die Abgabe in Apotheken als Medizin. Jede Missachtung dieser Verbote wurde mit einer Geldbuße (in Köln beispielsweise 50 Goldgulden), Arrest und Zwangsarbeit bestraft. Diese Sanktionen nützten jedoch wenig und wurden durch eine gezielte Steuerpolitik ersetzt, als die Regierungen erkannt hatten, dass sich mit dem Tabakhandel der Staatshaushalt aufbessern ließ.

DIE UPMANNS IM TABAKGESCHÄFT II

Die Brüder Upmann produzierten in Havanna Zigarren und verkauften sie auf dem europäischen und nordamerikanischen Markt. Die in ihrer Manufaktur gefertigten Zigarren ließen sie unter dem Markennamen ›H. Upmann‹ registrieren.

Wer?	Charakterisiert den/die AutorIn der Quelle!
Woher?	Wo und wann ist die Quelle entstanden? Von welchem geografischen und zeitlichen Standpunkt aus schreibt der/die AutorIn?
Wozu?	Was wollte der/die AutorIn mit dem Text erreichen?
An wen?	An wen richtet sich der Text?
Was?	Welche Informationen lassen sich aus der Quelle zur Beurteilung der Geschichte der Upmanns ziehen?

Beurteilt den in der Quelle präsentierten Standpunkt aus eurer eigenen Perspektive!
›Respekt, Ehre, Verdienst?‹

▶ M 5.1. Margrit Schulte Beerbühl, Barbara Frey (2015) ›Gründung und Aufstieg der Zigarrenmanufaktur Upmann‹

Ob Hermann Dietrich Upmann bereits mit dem Vorsatz, eine Zigarrenmanufaktur in Havanna zu übernehmen oder zu begründen, dorthin reiste, ist nicht überliefert. Vor seiner Ausreise hatte er eine Kaufmannslehre gemacht. Angeblich habe er dann in Havanna, »da er keine Stelle finden konnte, ohne Mittel ein Cigarrengeschäft« (Nachruf) begründet. Ganz so märchenhaft ging sein Aufstieg in die Branche jedoch nicht vonstatten. Der ›Anleitung zur Fabrikation von Cigarren‹ in Deutschland von Heinrich Schlütte (1846) kann zwar entnommen werden, dass »die Fabrikation [...] sehr geeignet ist, auch von Unbemittelten, wenn auch in geringer Ausdehnung, betrieben zu werden, indem dazu nichts erfordert wird, als ein mäßiger Vorrath roher Tabaksblätter und zwei geschickte Hände« – aber etwas Kapital war doch erforderlich. Upmann benötigte, auch wenn er in Havanna eine bereits bestehende Manufaktur übernahm, eine Anschubfinanzierung: Er lieh sich bei dem Altonaer Kaufmannssohn Friedrich Alexander Kleinwort, den er im Deutschen Verein in Havanna kennengelernt hatte, im Oktober 1841 $ 400, die er später mit 12 % verzinst zurückzahlte. Als 1843/44 ein großer Engpass bei Qualitätstabak drohte, schlug Kleinwort Upmann vor, gemeinsam Tabak im Wert von $ 10.000 einzukaufen, so lange er billig war. Kleinwort vermittelte dafür Kredite des englischen Handelshauses Drake & Co auf Kuba und eines New Yorker

Die Tabakmanufaktur ›La Madama‹ in Havanna, in der ab 1890 Upmann-Zigarren hergestellt wurden. Der Schriftzug H. Upmann über dem Eingang ist gut zu erkennen. (Bild links (19)) In Teilen des Gebäudes befinden sich heute Wohnungen (Bild rechts (20)).

Handelshauses. Kleinwort und Upmann zogen – nicht zuletzt weil die Herstellung von Zigarren aufgrund der billigen Arbeitskräfte preiswert war (es dürften zu dieser Zeit auch noch viele SklavInnen in Tabakmanufakturen tätig gewesen sein) – beträchtliche Gewinne aus diesem Geschäft und legten den Grundstock für ihren beiderseitigen wirtschaftlichen Aufstieg. Zwischenzeitlich war auch August Ludwig Upmann seinem Bruder nach Havanna gefolgt und in das erfolgversprechende Geschäft eingestiegen, denn auf Kuba hergestellte Zigarren hatten bereits damals unter Kennern einen sehr guten Ruf.

▶ M 5.2. Margrit Schulte Beerbühl, Barbara Frey (2015) ›Havanna-Zigarren‹

Zigarren aus Havanna wurden bereits Mitte des 19. Jahrhunderts hochgeschätzt und teuer gehandelt. Marken gaben dem Verbraucher eine Garantie zu Herkunft und Qualität der Zigarren. Die Nachfrage nach Havanna-Zigarren war in Europa sehr hoch, es konnte jedoch gar nicht genügend Qualitätstabak angebaut werden. Die Engpässe im Handel ließen die Preise steigen: Eine Kiste Havanna-Zigarren (25 Stück) von nicht besonderer Qualität kostete in Hamburg 1851 achtzig Mark und im Zollverein 36 Taler. Die höchsten Preise wurden in England und Russland gezahlt. Üblicherweise wurden die Zigarren in Holzkisten zu 25 Stück verkauft. Die führenden Zigarrenhersteller versahen sowohl die Kisten als auch die Bauchbinden der Zigarren mit ihren Namen bzw. Markenzeichen.

Hermann Dietrich Upmann ließ 1844 für die in seiner Manufaktur gefertigten Zigarren die Marke ›H. Upmann‹ eintragen. ›H. Upmann‹-Zigarren wurden nicht nur nach Europa, sondern auch nach Nordamerika exportiert: Die Firma belieferte den spanischen Königshof, wurde Hoflieferant des Zaren- und des deutschen, französischen, österreichisch-ungarischen Kaiserhofes und der britischen Krone. Später erhielt die Firma für ihre Zigarren zahlreiche Goldmedaillen.

Aber auch schon im 19. Jahrhundert waren berühmte Zigarrenmarken vor Fälschungen nicht sicher: Zigarren aus europäischen Anbaugebieten wurden mit Bauchbinden und Markenzeichen der Havanneser Firmen versehen und als solche verkauft. Die Firma ›H. Upmann‹ führte in den 1860 und 1870er Jahren zahlreiche Prozesse gegen Hersteller billiger Nachahmungen ihrer Markenzigarren.

Tabakfabrik ›José Martí‹, Havanna, Calle 23. Hier wurden von 2004–2011 Upmann-Zigarren gefertigt. Auf der Fassade ist das Markenzeichen H. Upmann deutlich zu erkennen. Heute steht das Gebäude leer. (21/22)

▶ M 5.3. Barbara Frey (2018) ›Tabakproduktion und -verarbeitung auf Kuba‹

Der Anbau von Tabak ist sehr arbeitsintensiv und zeitaufwändig: Nach dem Pflanzen der Setzlinge müssen die Tabakpflanzen ständig gewässert und auf Ungeziefer und Krankheiten kontrolliert werden. Nach 45 Tagen, wenn die Pflanze eine Höhe von 15–20 Zentimetern erreicht hat, wird sie umgesetzt. Nach weiteren 45 Tagen ist sie ausgewachsen. Jedes einzelne Blatt wird von Hand geerntet.

Anschließend werden die Blätter in der Casa de Tabaco auf Fäden oder dünnen Stecken aufgereiht und in einem aufwändigen Verfahren ca. 50 Tage lang getrocknet. Während dieses Prozesses werden beständig Temperatur und Feuchtigkeit kontrolliert und die Blätter, damit sie gleichmäßig trocknen, umgehängt. Nachdem die Blätter dann von den Holzstangen genommen, grob sortiert und gestapelt worden sind, beginnt der Fermentierungsprozess: Hier gärt der Tabak ca. 30 Tage lang und erhält sein besonderes Aroma. Nach weiterer Belüftung werden sie verpackt und in die Zigarrenfabriken geliefert.

Für diese Arbeiten werden auf den Tabakplantagen, den Vegas, viele Arbeitskräfte benötigt. Im 19. Jahrhundert waren dies vielfach SklavInnen.

In den Zigarrenmanufakturen waren – auch schon vor 1886, dem Jahr der Abschaffung der Sklave-

Tabakanbau auf Kuba (23)

Vorleser in einer Tabakmanufaktur, Kuba, Mitte 20. Jahrhundert (24)

rei auf Kuba – nicht nur SklavInnen beschäftigt. Eine Statistik von 1836 zählt insgesamt 2.234 Zigarrenmacher, davon 1.622 freie ArbeiterInnen und 612 SklavInnen. Die Arbeit der SklavInnen in den Zigarrenfabriken unterschied sich dabei grundlegend von denen auf den Zuckerplantagen, denn die Qualität einer Zigarre hing unmittelbar vom Geschick und der Feinfühligkeit der Zigarrenmacher ab. Sie wurden als HandwerkerInnen angesehen und galten für ihre Zeit als recht gebildet: Oftmals bezahlten sie einen Vorleser, der ihnen während der Arbeit aus Zeitungen oder Büchern vorlas.

▶ M 5.4. Barbara Frey (2018) ›Das Ende des Unternehmens Upmann auf Kuba und der Fortbestand der Zigarrenmarke‹

Hermann Dietrich Upmann und sein Bruder August verließen in den 1850er Jahren Havanna und kehrten nach Deutschland zurück. Ihre Zigarrenmanufaktur in Havanna wurde fortan von Geschäftsführern geleitet.

Als Kuba 1917 auf Seite der USA in den Ersten Weltkrieg eintrat, mussten die von Deutschen geführten Unternehmen auf Kuba schließen. Davon waren auch die inzwischen von einer weiteren Generation der Upmanns geleitete Fabrik ›H. Upmann Habana‹ und das Bankhaus auf Kuba betroffen. 1922 wurden beide Unternehmen verkauft und aus dem Handelsregister gelöscht. Sowohl die Bank als auch die Zigarrenfabrik in Havanna wurden von der britischen Firma J. Frankau S.A. aufgekauft. Joseph Frankau, der Begründer der britischen Firma, stammte aus Deutschland. Er war 1837 nach Großbritannien ausgewandert und hatte dort eine Importfirma gegründet. Frankau war langjähriger Agent von H. Upmann in Großbritannien gewesen und hatte zeitweise ein Verkaufsmonopol für Upmann-Zigarren besessen.

Das Markenzeichen der H. Upmann-Zigarrre wurde ebenfalls aufgekauft. Es gilt bis heute als eine der führenden Marken mit weltweiter Verbreitung.

Um die Qualität des kubanischen Tabaks zu erhalten, hat Fidel Castro nach der kubanischen Revolution 1959 den Tabakanbau nicht verstaatlicht. Die Vegas (Tabakplantagen) blieben in Privatbesitz und damit Anbau, Trocknung und Fermentierung des Tabaks. Die Fabriken hingegen, in denen Zigarren gerollt werden, wurden verstaatlicht – so auch die ›H. Upmann‹. Der Staat regelt heute Verkauf und Export der Zigarren.

Die Tabakfabrik ›José Martí‹ in Havanna im Jahr 2017. Hier werden heute noch Zigarren produziert und in einem Laden an Touristen verkauft. (25)

DIE UPMANNS IN DER WELT

Hermann Dietrich Upmann wurde nach seiner Rückkehr aus Kuba in Bremen Teilhaber eines Handelshauses und einer Reederei. 1868 investierte er in die Gründung eines Bankhauses in Havanna, das einer seiner Neffen leitete. Ein anderes Familienmitglied eröffnete 1871 eine Zigarrenhandlung und -fabrik in New York. Das von dem Bielefelder Auswanderer auf Kuba begonnene Geschäft entwickelte sich zu einem global agierenden Familienunternehmen.

Wer?	Charakterisiert den/die AutorIn der Quelle!
Woher?	Wo und wann ist die Quelle entstanden? Von welchem geografischen und zeitlichen Standpunkt aus schreibt der/die AutorIn?
Wozu?	Was wollte der/die AutorIn mit dem Text erreichen?
An wen?	An wen richtet sich der Text?
Was?	Welche Informationen lassen sich aus der Quelle zur Beurteilung der Geschichte der Upmanns ziehen?

Beurteilt den in der Quelle präsentierten Standpunkt aus eurer eigenen Perspektive!
›Respekt, Ehre, Verdienst?‹

▶ M 6.1. Margrit Schulte Beerbühl, Barbara Frey (2015) ›Hermann Dietrich Upmann in Bremen‹

Hermann Dietrich Upmann hatte bei einem Besuch in Bremen im November 1848 die Kaufmannstochter Wilhelmine Amalie Gravenhorst (1825–1849) geheiratet. Sie folgte ihm nach Kuba, starb jedoch bereits ein Dreivierteljahr später im Alter von 24 Jahren in Havanna am Gelbfieber. Danach blieb Hermann Dietrich Upmann nicht mehr allzu lange auf Kuba, spätestens 1852 kehrte er endgültig nach Europa zurück. Er ließ sich in Bremen nieder und beteiligte sich als Kompagnon am Bremer Handelshaus von Friedrich Wilhelm Gudewill und wurde Mitteilhaber der Schiffahrtslinie ›Gudewill & Upmann‹. Die Ware auf eigenen Schiffen transportieren zu können, war für Kaufleute im Überseehandel eine große Ersparnis. ›Gudewill & Upmann‹ besaß zwei, später drei Schiffe, die Ware über New York und die Karibik bis nach Brasilien brachten. Neben ihren eigenen Segelschiffen nutzte die Firma auch schon die ersten Dampfschiffe für den Tabaktransport: Eine Notiz in der Zeitung The Sun (Baltimore, USA) verkündete 1868, dass neunzig Ballen kubanischen Tabak für Gudewill & Upmann in Bremen mit einem Dampfschiff aus Cuba in Baltimore eingetroffen waren und auf das Schiff Berlin umgeladen wurden. Hermann Dietrich Upmann wurde später auch Mitgesellschafter des Norddeutschen Lloyd in Havanna, der monatliche Verbindungen zwischen Bremen, Le Havre, New Orleans und Havanna unterhielt.

Kurz nach dem Tod seines Handelspartners Friedrich Wilhelm Gudewill (1859) übernahm Hermann Dietrich Upmann als Alleininhaber das Geschäft, obwohl es noch eine Zeitlang unter dem Namen ›Gudewill & Upmann‹ firmierte. Ob Hermann Dietrich alle Schiffe behalten hat, ist nicht festzustellen. Zumindest in einem Fall ist es nachweisbar, dass er ein Segelschiff unter neuem Namen und möglicherweise anderer Flagge laufen ließ. Denn nach einer Notiz im New York Herald wurde im September eine Bark mit dem Namen ›H. Upmann‹ von Hong Kong in New York erwartet. Ein halbes Jahr später, Anfang März, meldete die gleiche Zeitung die Ankunft der Bark ›H. Upmann‹ aus Bremen kommend in New York. Spätestens bei der Liquidation der Firma 1871/72 wird Hermann Dietrich die Segelschiffe verkauft haben.

1872 gründete Hermann Dietrich Upmann gemeinsam mit seinem Neffen Hermann Friedrich Upmann und Wilhelm Frahm als Mitgesellschafter die Zigarrenfirma ›Herm. Upmann & Co. Bremen‹.

▶ M 6.2. Margrit Schulte Beerbühl, Barbara Frey (2015) ›Heinrich Upmann und die Upmannbank in Havanna‹

Das 1904 erbaute Gebäude der Upmann-Bank in der Altstadt von Havanna, heute Banco Nacional de Cuba (26)

Heinrich Upmann war 1842 in Bielefeld geboren und 1859 als Handelsschüler über Braunschweig nach Kuba ausgewandert. Dort eröffnete er 1868 die Bank ›H. Upmann & Co.‹ in Havanna. Sein Onkel Hermann Dietrich steuerte 90 % des Gründungskapitals der Bank bei, die übrigen 10 % teilte sich Heinrich Upmann mit Guillermo (Wilhelm) Rocholl. Rocholl, der seit 1860 in Havanna lebte, stammte aus einer weitverzweigten Kaufmanns- und Fabrikantenfamilie, die in Minden eine große Tabak- und Zigarrenfabrik besaß. In schlechten Erntejahren vergab die Upmann-Bank günstige Kredite an Tabakpflanzer.

In den 1890er Jahren bezeichnete ein deutscher Journalist die Upmann-Bank als die »bedeutendste Bankfirma auf Kuba, vielleicht in ganz Westindien.« Während des kubanischen Unabhängigkeitskrieges war die spanische Regierung zur Finanzierung des Krieges auf die Upmannsche Bank angewiesen, wobei die Bank, die zu dem Zeitpunkt von den Brüdern H. und G. Runken geleitet wurde, durch den Ankauf Madrider Wechsel große Gewinne gemacht hatte. Schon zu Beginn des Unabhängigkeitskriegs im August 1895 hatte die Upmann-Bank der spanischen Regierung einen Kredit über $ 500.000 bewilligt. Angesichts der Unruhen auf Kuba und der Sorge über die weitere politische Entwicklung der Insel, begannen viele Bankiers Anfang 1896 ihr Geld von Kuba abzuziehen, unter anderem verschiffte ›H. Upmann & Co‹ als Repräsentant der Bankiersfamilie Rothschild sowie anderer Großkunden große Mengen Silber und Gold nach New York. Noch verschiedentlich brachte die Bank in den nachfolgenden Jahren Geld nach New York. Sie exportierte kurz vor Ende des Unabhängigkeitskrieges auf Kuba 1898 noch einmal eine Million Dollar in die USA. Als Repräsentant der Rothschilds nahmen die Vertreter der Upmann-Bank auch an geheimen Verhandlungen mit den Aufständischen und Regierungsvertretern teil.

Heinrich Upmann kehrte in späteren Jahren nach Europa zurück und ließ sich in Hamburg nieder. Er starb 1914 in Hamburg.

▶ M 6.3. Margrit Schulte Beerbühl, Barbara Frey (2015) ›Carl Friedrich Upmann und die Zigarrenfabrik in New York‹

Carl Friedrich Upmann, 1844 in Bielefeld geboren, eröffnete 1871 eine Zigarrenhandlung und -Fabrik in New York. Die Fabrik befand sich über vierzig Jahre lang auf der 404 East Fifty-Ninth Street. New York war seit dem 18. Jahrhundert zum Finanzzentrum und Warenumschlagplatz für den Handel mit den karibischen Inseln aufgestiegen. Carl Upmanns Niederlassung in New York war für die weitere Expansion der Familienunternehmungen strategisch geschickt.

Ein Streik der US-amerikanischen Zigarrenmacher, über den dortige Zeitungen berichten, bietet einen Einblick in die Arbeitsbedingungen und -verhältnisse der New Yorker Fabrik von Carl Upmann. Mitte der 1880er Jahre erfasste die USA eine große Streikwelle. Die Internationale Gewerkschaft der Zigarrenmacher rief ebenfalls zur Arbeitsniederlegung auf. Mehr als 10.000 Zigarrenmacher legten die Arbeit nieder. Carl Upmann, der 400 Zigarrenmacher beschäftigte, gehörte zu den ersten Unternehmern, die den Forderungen der Gewerkschaft nachgaben und damit ein Signal für viele andere Arbeitgeber in der Zigarrenindustrie gaben. Zu den Arbeitsbedingungen in der Upmannschen Fabrik bemerkte die Zeitung New Haven Register im März 1886, dass Upmann, im Gegensatz zu vielen anderen Fabrikanten, keinen ›cheap floor‹ habe – eine Abteilung, in der minderwertige Zigarren von billigen Arbeitskräften hergestellt wurden – vielmehr würde die Mehrheit der Arbeiter bei ihm gute Löhne erhalten und das ganze Jahr über beschäftigt sein.

Da ein wachsender Anteil der kubanischen Zigarren in Florida von kubanischen Arbeitskräften hergestellt wurde, entschloss sich Carl, die Zigarrenproduktion zum Teil dorthin zu verlagern. Eine weitere Zigarrenmanufaktur Carl Upmann Inc., Havana Cigars, entstand in Tampa/ Florida.

Carl Upmann starb 1922 in New York.

▶ M 6.4. Barbara Frey (2018) ›Zigarrenhandel Upmann in Bremen‹

Hermann Friedrich Upmann gründete 1872, gemeinsam mit seinem Onkel Hermann Dietrich Upmann und Wilhelm Frahm als Mitgesellschafter, die Zigarrenfirma ›Herm. Upmann & Co. Bremen‹. Ab 1898 verzeichnet das Bremer Adressbuch neben dem Handels- und Kommissionsgeschäft ›Herm. Upmann & Co.‹ in der Langenstr. 51 auch eine der Firma gehörende Zigarrenfabrik in der St. Paulistraße 51. Ab 1902 firmierte das Upmannsche Unternehmen auch als Bank.

Hermann Friedrich Upmann starb 1910 in Bremen.

Die Bremer Niederlassung musste 1916 infolge der Handelsblockade der Alliierten den Betrieb einstellen. Dank des Vermögens des nach New York ausgewanderten Carl Upmann, der 1922 in den USA unverheiratet starb, gelang dem Bremer Zweig der Familie nach der Inflation von 1923 ein Neuanfang. Nach dem Zweiten Weltkrieg konnte die Bremer Firma, trotz hoher Verluste während des Krieges, weitergeführt werden. Heute heißt die Zigarrenhandlung ›H. Upmann & Co‹ und wird von Heinrich Dietrich Carl Upmann, dem Urgroßneffen Hermann Dietrich Upmanns, geleitet.

DAS ERBE DER UPMANNS IN BIELEFELD

Die Brüder Upmann verdienten mit der Herstellung und dem Handel mit Zigarren sehr viel Geld und galten als mehrfache Millionäre. Für reiche Kaufleute gehörte es im 19. Jahrhundert zum Selbstverständnis, weniger begüterten Menschen zu helfen. Einen Teil ihres Vermögens haben die Brüder Upmann bereits zu Lebzeiten für wohltätige Zwecke gegeben. Da sie immer in Kontakt zu ihrer in Bielefeld lebenden Familie geblieben waren, profitierte auch die Stadt Bielefeld vom sozialen Engagement der Wohltäter.

Wer?	Charakterisiert den/die AutorIn der Quelle!
Woher?	Wo und wann ist die Quelle entstanden? Von welchem geografischen und zeitlichen Standpunkt aus schreibt der/die AutorIn?
Wozu?	Was wollte der/die AutorIn mit dem Text erreichen?
An wen?	An wen richtet sich der Text?
Was?	Welche Informationen lassen sich aus der Quelle zur Beurteilung der Geschichte der Upmanns ziehen?

Beurteilt den in der Quelle präsentierten Standpunkt aus eurer eigenen Perspektive!
›Respekt, Ehre, Verdienst?‹

▶ M 7.1. Wilhelm Niemeyer zur Gründung des Upmann-Stiftes in Bielefeld (1951)

»Als Hermann Upmann um 1874 wieder einmal in seiner Vaterstadt weilte, entwickelte er seinem Freunde Modersohn einen besonderen Plan. ›Ich habe viel Glück im Leben gehabt. Auf allem Guten, was ich an meinen Mitmenschen getan habe, hat dreifacher Segen geruht. Ich möchte nun auch in meiner Vaterstadt etwas Gutes schaffen, um meine Heimat- und Nächstenliebe zu bekunden‹. Bei der Erörterung von allerlei Plänen […] äußerte Upmann den Wunsch, ein Damenstift zu gründen, in dem alleinstehende ältere, zunächst Bielefelder Damen, in Liebe und Fürsorge betreut würden, um ihren Lebensabend sorglos zu verbringen. Es war leicht zu erraten, was Hermann Upmann bewog, gerade ein Heim für alleinstehende Damen zu gründen. Er hatte es nicht vergessen, daß sich anfangs seine Schwestern mit ihrer Hände Arbeit kümmerlich ernähren mußten. Er hatte ferner in seinem Bekanntenkreise die Erfahrung gemacht, wie schwer es für die Töchter der besseren Stände war, wenn sie in Liebe und Treue Eltern und Geschwister bis zu deren Tode gepflegt hatten, dann heimatlos, vielleicht auch mittellos und ohne Beruf

Das Upmannstift in Bielefeld, historische Aufnahme (27)

zurückblieben, und nicht wußten, wie sie durchkommen sollten. Aus der damaligen Ansicht über Frauenberuf und –erwerb war diese Überlegung leicht verständlich.

Der Freundeskreis von Hermann Upmann stimmte diesem Vorschlag freudig zu. Ein geeigneter und schön gelegener Platz wurde am Nordabhang des Johannisberges gefunden. Von einem Bremer Architekt wurden die Pläne entworfen, einem Bielefelder Maurermeister wurde der Bau übertragen, der unter der Leitung des damaligen Stadtbaumeisters stand. 1875 wurde bereits mit dem Ausschachten begonnen. Der Bau an der ausgewählten Stelle war recht schwierig, bestanden damals weder die Upmannstraße noch die Dornberger Straße! […]

Inzwischen setzte Hermann Upmann mit seinen Schwestern und Freunden die Statuten und Bestimmungen auf. Der Bau wurde am 6. Oktober 1876, dem Geburtstage von Hermann Upmanns Schwester Dorchen, seiner Bestimmung übergeben. Gleichzeitig hatten die ersten drei Bielefelder Damen in aller Stille ihren Einzug gehalten. In der Vorstandssitzung am selben Tage wurde noch festgelegt, daß die in das Stift eintretenden Damen nicht über 900 Mark und nicht unter 450 Mark jährliche Einnahmen haben durften, bei einer sicheren Anlage ihres Kapitals zu 4 %. In den ersten Jahren wurde das Stift nicht sehr beansprucht.«

▶ M 7.2. Zeitungsartikel zur Einweihung des Upmann-Stifts (1876)

»Am vorigen Sonntag, den 6. ds. Mts. hat die Einweihung des Upmannstiftes stattgefunden, jener stattlichen Anlage, auf halber Höhe des Johannisberges, zu der gewiss schon mancher fragend aufgesehn. […]

Der Ursprung dieses Stiftes liegt weit zurück […]. Ein junges Mädchen, nicht gerade den ärmsten Familien entsprungen, dennoch aber durch ihre Familienverhältnisse und durch ihre körperlichen Leiden nicht im Stande, eine entsprechende Existenz sich zu schaffen, liess bei den Schwestern Upmann zuerst den Gedanken lebendig werden, wie sehr wünschenswert eine würdige Unterkunft sei gerade für solche alleinstehende Frauen oder Mädchen, die nicht arm und doch ohne gesicherte Existenz sind. Beharrlich ist dieser Gedanke dann im Kreise der Familie Upmann fest gehalten und gefördert worden, bis endlich jetzt die einzig noch überlebenden Glieder jenes Geschwisterkreises, Herr H. Upmann sen. zu Bremen und Fräulein D. Upmann hier, die Erfüllung jenes lange gehegten Lieblingsgedankens haben bewirken und schauen dürfen. Ihnen, und zwar ihnen bisher allein, verdankt das Stift Verwirklichung und Garantie seines nächsten Bestandes; ihnen verdankt unsere Vaterstadt eine Anstalt, die sich den sonstigen Wohltätigkeitsanstalten am Orte würdig anreiht [...].

[...] alle waren gewiss voll hoher Anerkennung dessen, was der Baumeister und alle seine Mitarbeiter an diesem Werke geleistet haben. Der Eindruck ist ein günstiger; Solidität, sorgfältige Berücksichtigung aller Bedürfnisse, Bequemlichkeit und selbst Eleganz begegnen vom Keller bis zum Boden auf Schritt und Tritt. Das Stift wird, ganz bezogen, etwa 20 selbständige Bewohnerinnen aufnehmen können [...]. Jede Dame bekommt Zimmer und Schlafkammer für sich allein, dazu einen eigenen Bodenverschlag und die Mitbenutzung der gemeinschaftlichen Räume. Die meisten Zimmer haben den Blick ins Tal hinein, und manche bieten reizend malerische Ansichten unserer schönen Stadt und Umgebung.«

▶ M 7.3. Dagmar Gieseke (2016) ›Finanzierung des Upmannstifts‹

»Wer sich um einen Platz im Stift bewerben wollte, musste aus Bielefeld sein, der christlichen Religion angehören, vorzugsweise der protestantischen, und das 50. Lebensjahr vollendet haben. Ein untadliger Ruf war selbstverständlich, aber auch ein sicheres Einkommen war notwendig, musste doch ein bescheidener Eigenanteil gezahlt werden. Der Einkauf in das Stift schlug mit 900 Mark zu Buche. Schenkungen und Vermächtnisse anderer Familienmitglieder und verstorbener Stiftsdamen füllten ebenfalls die Kasse der Einrichtung. Im Laufe der Jahre hatte sich das Vermögen auf 288.000 Mark erhöht. Nach der Inflation in 1920er Jahren schrumpfte es auf 30.000 Goldmark, was zur ernstlichen Überlegung führte, die Stiftung aufzulösen. Das Fortbestehen rettete schließlich der Zigarrenfabrikant Karl Upmann aus New York, der peu à peu 300.000 Mark in die Upmann-Stiftung fließen ließ. Lina Oetker, die dem Stift sehr zugetan war, trug ebenfalls zur verbesserten finanziellen Situation des Heimes bei.«

Gruppenfoto anlässlich der 50-Jahr-Feier mit Stiftsdamen und Vorstandsmitgliedern. In der Mitte Oberbürgermeister Rudolf Stapenhorst, 17. Oktober 1926. (28)

▶ M 7.4. Auszug aus dem Testament Hermann Dietrich Upmanns

Hermann Dietrich Upmann starb als mehrfacher Millionär im Jahr 1894. In seinem Testament bedachte er auch soziale Einrichtungen in Bielefeld. Der Magistrat der Stadt Bielefeld wurde mit 30.000 Mark aus dem Erbe Upmann mit folgenden Auflagen bedacht:

»a. von dieser Summe 3.000 Mk buchstäblich: dreitausend Mark für die Kinderbewahranstalten der Stadt Bielefeld, oder, falls solche Anstalten dort nicht existiren sollten, für ähnliche Anstalten, deren Auswahl ganz in sein Ermessen gestellt wird, zu verwenden. Die Art der Verwendung und die Höhe des der einzelnen Anstalt zuzuwendenden Betrages ist ganz in sein Ermessen gestellt.

b. 3.000 Mk buchstäblich: dreitausend Mark, davon für das Marienstift in Bielefeld nach seinem besten Ermessen zu verwenden.

c. 3.000 Mk buchstäblich: dreitausend Mark, für die Wilhelm-Augusta-Stiftung in Bielefeld nach seinem besten Ermessen zu verwenden.

d. 6.000 Mk, buchstäblich: sechstausend Mark in seine Verwaltung zu nehmen, möglichst sicher zinslich zu belegen und die erzielten jährlichen Zinsen nach seinem besten Ermessen für Wittwen verstorbener Lehrer der Volksschulen in Bielefeld zu verwenden.

e. 15.000 Mk, buchstäblich: fünfzehntausend Mark, davon in seine Verwaltung zu nehmen, möglichst sicher zinslich zu belegen und die erzielten jährlichen Zinsen für sogenannte verschämte Arme der Stadt Bielefeld nach seinem besten Ermessen zu verwenden.«

Später erhöhte Upmann die Summe, die er der Stadt Bielefeld vermachte, auf insgesamt 45.000 Mark, die Beträge, die die Kinderbewahranstalten, das Marienstift und die Wilhelm-Augusta-Stiftung bekamen, erhöhten sich auf 4.500 Mark, die Zinsanlagen für die Lehrerwitwen auf 9.000 Mark, für die verschämten Armen auf 22.500 Mark.

INTERVIEW MIT DR. CLAUDIA RAUHUT

zum transatlantischen Versklavungshandel und historischer Verantwortung heute

Dauer: 26:35 Minuten

Wie beantwortet Claudia Rauhut die Frage nach ›Respekt, Ehre und Verdienst‹ der Familie Upmann?

Vergleicht mit eurem eigenen Urteil!

Das Interview ordnet die Fallstudie zu den Upmanns in einen größeren historischen Zusammenhang ein.

Dr. Claudia Rauhut ist Sozialanthropologin und Politikwissenschaftlerin am Lateinamerikainstitut der Freien Universität Berlin. Sie forscht zu karibischen Reparationsforderungen für den europäischen Handel mit Versklavten. Im Interview geht sie einleitend auf ihre eigene Forschungsarbeit ein und lenkt den Blick auf die Geschichte des transatlantischen Versklavungshandels sowie auf aktuelle Auseinandersetzungen über historisches Unrecht und Wiedergutmachung.

Des Weiteren gibt sie einen umfassenden Überblick zu den Voraussetzungen des wirtschaftlichen Erfolgs der Familie Upmann im Tabakgeschäft und macht dabei deutlich, dass die Geschichte der Upmanns bei Weitem kein Einzelfall ist, sondern eingebettet ist in ein globales Netzwerk von europäischen ProfiteurInnen des Handels mit versklavten Menschen aus Afrika und der Plantagen-Sklaverei in der Karibik, in Brasilien und den USA.

Die Audiodatei mit dem Interview kann auf der Homepage zum Projekt ›Wissen um globale Verflechtungen‹ heruntergeladen werden:
www.uni-bielefeld.de/cias/unterrichtsmaterialien
Zugang über Mappe 7 (Zusatzmaterialien)

Quellen- und Abbildungsverzeichnis

(Reihenfolge, in der die Quellen verwendet werden)

Material Lehrende

Illustration

0 Zeitstrahl, Foto: Barbara Frey (2019)

M 0 – Einstieg

Illustrationen

1 Straßenschild Upmannstraße Bielefeld, Foto: Jörg Schaaber (2018)
2 Am Hamburger Hafen um 1850, URL: https://de.wikipedia.org/wiki/Auswanderung#/media/File:GermanEmigrantsBoardingAShipInHamburg.jpg (gemeinfrei, Zugriff 2.2.2019)
3 Wandbild Hauptbahnhof Bremen, Foto: Jörg Schaaber (2018)
4 Denkmal am ehemaligen Sklavenmarkt in Stone Town auf Sansibar, Foto: Barbara Frey (2002)
5 Markenzeichen H. Upmann, Tabakfabrik ›José Martí‹, Havanna, Foto: Jörg Schaaber (2017)
6 Upmannstift Bielefeld, Foto: Jörg Schaaber (2018)

Schriftliche Quellen

M 0.3. Auszug aus dem Nachruf auf Hermann Dietrich Upmann, Kl. Z., 31.1.1894, StA Bi, 400,001, l. Nr. 19

M 1

Illustrationen

7 Wohnhaus der Familie Upmann. aus: Martha Modersohn-Kramme (1929) Aus Bielefelds vergangenen Tagen, Verlag von Velhagen & Klasing, Bielefeld und Leipzig, S. 33.
8 Genehmigung zur Auswanderung für den Kaufmann Hermann Diedrich Upmann aus Bielefeld, 1839. StA Bi Hgb 109/26.

Schriftliche Quellen

M 1.1. Die Familie Upmann aus Bielefeld. AUS: MODERSOHN-KRAMME, Martha. Zur Geschichte des Upmannstiftes. In: Zur Feier des 50jährigen Stiftungsfestes des Upmannstiftes in Bielefeld am 17. Oktober 1926. Bielefeld 1926: 8–15, hier 8f.
M 1.2. Eine Beschreibung von Bielefeld aus dem Jahr 1836 AUS: ZEDLITZ-NEUKIRCH, Frhr. L[eopold] von. Der Preuß. Staat in allen seinen Beziehungen. 12. Lieferung: Die Topographie der Provinz Westfalen und des Fürstentums Neufchâtel. Berlin 1836: 303f.
M 1.4. Stichwort Havana. AUS: BROCKHAUS Bilder-Conversations-Lexikon, Bd. 2. Leipzig 1838. 345–346. URL: http://www.zeno.org/nid/20000832332 (gemeinfrei, Zugriff 4.2.2019).

M 2

Illustrationen

9 Frédéric Mialhe, (1839), Das Tacon-Theater in Havanna. URL: https://merrick.library.miami.edu/cdm/compoundobject/collection/chc9999/id/63 (Zugriff: 12.10.2018).
10 Frédéric Mialhe, (1839), Das Zollgebäude in Havanna, URL: https://merrick.library.miami.edu/cdm/compoundobject/collection/chc9999/id/63 (Zugriff: 12.10.2018).
11 Straßenschild Calle H. Upmann, Havanna, Foto: Jochen Kemner (2018)
12 Calle H. Upmann, Havanna, Foto: Jochen Kemner (2018)

Schriftliche Quellen:

M 2.3. Auszüge aus Briefen von Alfred Beneke (1842/1843). Staatsarchiv Hamburg, Familie Beneke, J 4: Reisetagebuch 1842–1844; J 5: Briefe aus Amerika an Eltern und Geschwister, 1842–1847. Zit. nach: HAUSCHILD-THIESSEN, Renate. Ein Hamburger auf Kuba. Briefe und Notizen des Kaufmanns Alfred Beneke 1842–1844. Hamburg 1971: 31ff., 60, 89.

M 3

Schriftliche Quellen:

M 3.2. Gekürzte und adaptierte Fassung der Ausstellungstafel ›Kolonialware Mensch‹. Arbeitskreis Bielefeld postkolonial. In: Kauft deutsche Bananen! Kolonialwaren und ihr Handel in Bielefeld. Ausstellung Stadtarchiv und Landesgeschichtliche Bibliothek Bielefeld. Bielefeld 2007. URL: https://www.bielefeld.de/ftp/dokumente/10_Kolonialwaren_Bielefeld_Mensch_01.pdf (Zugriff 14.11.2018).
M 3.3. Auszüge aus Briefen von Alfred Beneke (1842/1843). Staatsarchiv Hamburg, Familie Beneke, J 4: Reisetagebuch 1842–1844; J 5: Briefe aus Amerika an Eltern und Geschwister, 1842–1847. Zit. nach: HAUSCHILD THIESSEN, Renate. Ein Hamburger auf Kuba. Briefe und Notizen des Kaufmanns Alfred Beneke 1842–1844. Hamburg 1971: 49, 95.
M 3.4. HUMBOLDT, Alexander von. Tagebuch Havanna 1804. Zit. nach ZEUSKE, Michael: Alexander von Humboldt, die Sklavereien in den Amerikas und das ›Tagebuch Havanna 1804‹. In: edition humboldt digital, hg. v. Ottmar Ette. Berlin-Brandenburgische Akademie der Wissenschaften, Berlin. Version 3 vom 14.9.2018, Abschnitt 66. URL: https://edition-humboldt.de/v3/H0012105 (Zugriff 2.2.2019)

M 4

Illustrationen

13 Mosaik (links) in der Eingangshalle Hauptbahnhof Bremen, Fotos: Jörg Schaaber (2018)
14 Mosaik (Mitte) in der Eingangshalle Hauptbahnhof Bremen, Fotos: Jörg Schaaber (2018)
15 Mosaik (rechts) in der Eingangshalle Hauptbahnhof Bremen, Fotos: Jörg Schaaber (2018)
16 Zigarrenhalter, Rathaus Lübeck, URL:https://upload.wikimedia.org/wikipedia/commons/0/03/Zigarrenhalter_im_Rathaus_von_L%C3%BCbeck%2C_Kacheln.jpg (Zugriff 14.11.2018)
17 Markenzeichen H.Upmann, Calle Amistad, Havanna, Foto: Jörg Schaaber (2017)
18 Werbung Zigarrerauchende Frauen, Kuba, 1868. URL: https://upload.wikimedia.org/wikipedia/commons/1/1f/Cigar_balcony_loc_3b25437r.jpg (gemeinfrei, Zugriff 4.2.2019)

Schriftliche Quellen

M 4.3. Die Mode des Zigarrenrauchens. Gekürzter, adaptierter und ergänzter Auszug aus: SCHULTE BEERBÜHL, Margrit; FREY, Barbara. Die H. Upmann Zigarre – Der Bielefelder Hermann Dietrich Upmann und die Schaffung einer Weltmarke. In: ALTENBEREND, Johannes; VOGELSANG, Reinhard (Hg.). Forschen – Verstehen – Vermitteln. Festschrift zum 100. Jahresbericht des Historischen Vereins für die Grafschaft Ravensberg. Bielefeld 2015: 253f.
M 4.4. SIVERS, Jegor von.Cuba. Die Perle der Antillen. Reisedenkwürdigkeiten und Forschungen, Leipzig 1861: 268. Zit. in ZEUSKE, Michael. Christian Wilhelm Jamm und die Sklaverei auf Kuba (zuerst publiziert unter: Zeuske, Michael, ›Christian Wilhelm Jamm und die Sklaverei auf Kuba‹, in: Geroldsecker Land. Jahrbuch einer Landschaft, Heft 45 (2003), S. 19–46 (überarbeitet 2011)).
M 4.5. Geschichte des Tabaks. Gekürzte Fassung der Ausstellungstafel ›Kolonialware Tabak‹. Arbeitskreis Bielefeld postkolonial. Kolonialware Tabak. In: Kauft deutsche Bananen! Kolonialwaren und ihr Handel in Bielefeld. Ausstellung Stadtarchiv Bielefeld, Bielefeld 2007. URL: www.bielefeld.de/ftp/dokumente/13_Kolonialwaren_Bielefeld_Tabak.pdf (Zugriff 14.11.2018).

M 5

Illustrationen

19 Tabakfabrik ›La Madama‹, Cigar Journal Nr. 43, Waldshut-Tiengen 2010, S. 3. URL: www.5thavenue.de//sites/default/files/documents/cigar-journal_no43.pdf (Zugriff 25.10.2018)
20 Gebäude Avenida Salvador Allende, Foto: Jochen Kemner (2018)
21 Tabakfabrik H. Upmann in Havanna, Calle 23, Foto: Jörg Schaaber (2017)
22 Ausschnitt der Fassade der Tabakfabrik H. Upmann in Havanna, Calle 23, Foto: Jörg Schaaber (2017)
23 Tabakanbau auf Kuba. Fotosammlung der ›Comisión Nacional de Propaganda y Defensa del Tabaco Habano‹, Biblioteca Nacional José Martí, Comisión Nacional de Propaganda y Defensa del Tabaco Habano, o. J. (Fotos: Jochen Kemner)
24 Vorleser in einer Tabakmanufaktur. Fotosammlung der ›Comisión Nacional de Propaganda y Defensa del Tabaco Habano‹, Biblioteca Nacional José Martí, Comisión Nacional de Propaganda y Defensa del Tabaco Habano, o. J. (Fotos: Jochen Kemner)
25 Tabakfabrik ›José Martí‹, Havanna, Foto: Jörg Schaaber (2017)

Schriftliche Quellen

M 5.1. Gründung und Aufstieg der Zigarrenmanufaktur Upmann. Gekürzter, adaptierter und ergänzter Auszug aus: SCHULTE BEERBÜHL, Margrit; FREY, Barbara. Die H. Upmann Zigarre – Der Bielefelder Hermann Dietrich Upmann und die Schaffung einer Weltmarke. In: ALTENBEREND, Johannes; VOGELSANG, Reinhard (Hg.). Forschen – Verstehen – Vermitteln. Festschrift zum 100. Jahresbericht des Historischen Vereins für die Grafschaft Ravensberg. Bielefeld 2015: 251f.

M 5.2. Havanna Zigarren. Gekürzte und adaptierter Auszug aus: SCHULTE BEERBÜHL, Margrit; FREY, Barbara. Die H. Upmann Zigarre – Der Bielefelder Hermann Dietrich Upmann und die Schaffung einer Weltmarke. In: ALTENBEREND, Johannes; VOGELSANG, Reinhard (Hg.). Forschen – Verstehen – Vermitteln. Festschrift zum 100. Jahresbericht des Historischen Vereins für die Grafschaft Ravensberg. Bielefeld 2015: 255f.

M 6

Illustrationen

26 Gebäude der Upmann-Bank, Havanna, heute Banco Nacional de Cuba, Foto: Jochen Kemner (2017)

Schriftliche Quellen

M 6.1. Hermann Dietrich Upmann in Bremen. Gekürzter, adaptierter und ergänzter Auszug aus: SCHULTE BEERBÜHL, Margrit; FREY, Barbara. Die H. Upmann Zigarre – Der Bielefelder Hermann Dietrich Upmann und die Schaffung einer Weltmarke. In: ALTENBEREND, Johannes; VOGELSANG Reinhard (Hg.). Forschen – Verstehen – Vermitteln. Festschrift zum 100. Jahresbericht des Historischen Vereins für die Grafschaft Ravensberg. Bielefeld 2015: 260f.

M 6.2. Heinrich Upmann. Gekürzter, adaptierter und ergänzter Auszug aus: SCHULTE BEERBÜHL, Margrit; FREY, Barbara. Die H. Upmann Zigarre – Der Bielefelder Hermann Dietrich Upmann und die Schaffung einer Weltmarke. In: ALTENBEREND, Johannes; VOGELSANG, Reinhard (Hg.). Forschen – Verstehen – Vermitteln. Festschrift zum 100. Jahresbericht des Historischen Vereins für die Grafschaft Ravensberg. Bielefeld 2015: 263f.

M 6.3. Carl Friedrich Upmann und die Zigarrenfabrik in New York. Gekürzter, adaptierter und ergänzter Auszug aus: SCHULTE BEERBÜHL, Margrit; FREY, Barbara. Die H. Upmann Zigarre – Der Bielefelder Hermann Dietrich Upmann und die Schaffung einer Weltmarke. In: ALTENBEREND, Johannes; VOGELSANG, Reinhard (Hg.). Forschen – Verstehen – Vermitteln. Festschrift zum 100. Jahresbericht des Historischen Vereins für die Grafschaft Ravensberg. Bielefeld 2015: 262f.

M 7

Illustrationen

27 Foto Upmannstift Bielefeld, Stadtarchiv Bielefeld, StA Bi 400/10/182
28 Gruppenfoto anlässlich der 50-Jahr-Feier mit Stiftsdamen und Vorstandsmitgliedern. In der Mitte Oberbürgermeister Rudolf Stapenhorst, 17. Oktober 1926. Stadtarchiv Bielefeld, Bestand 109,1/Sozialamt Stadt, Nr. 2936

Schriftliche Quellen

M 7.1. NIEMEYER, Wilhelm. Fünfundsiebzig Jahre Upmannstift. Bielefeld 1951:5–13, hier 6f.

M 7.2. Bielefelder Sonntagsblatt Nr. 42, 15.10.1876, StA Bi 102,3/441/1 u.2

M 7.3. Auszug aus: GIESEKE, Dagmar. 6. Oktober 1876: Das Upmannstift für alleinstehende Damen wird eröffnet. Stadtarchiv und Landesgeschichtliche Bibliothek Bielefeld. Bielefeld 2016. URL: https://historischer-rueckklick-bielefeld.com/2016/10/01/01102016/ (20.2.2019).

M 7.4. Testament Hermann Dietrich Upmann (Auszug), 22.12.1887 und Beilage vom 8.6.1891, Staatsarchiv Bremen, 2-Qq.4.c.3.b.4. Nr 5096.

Upmannst

BRINK
MANN
TABAK
LE CROBAG
CHANGE
Info

H.UPMANN
HABANA
EMPRESA DE
TABACO TORCIDO
JOSÉ MARTÍ

Umschlaggestaltung Nathow & Geppert
auf Grundlage folgender Fotos:

Hintergrund: Tabakfeld Kuba,
https://upload.wikimedia.org/wikipedia/
commons/5/54/Tobacco_field_cuba1.jpg
(7.6.2019)

Person: Hermann Dietrich Upmann, Stadtarchiv
Bielefeld, Bestand 400,3/Fotosammlung,
Nr. 61-021-005

Gebäude:gerardo-sanchez-1092471-unsplash